本書の特色と使い方

支援教育の専門の先生方が作成しています。

教科書の内容や専門の先生方の各研究をもとに、小学校の特別支援学級や支援教育担当の先生方、専門の研究者の先生方が本書を作成しています。

あたたかみのあるイラストで、文作の場面理解を支援しています。

作れるようにイラストやわかりやすい言葉を添えています。また、文章の理解を深めるため、イラストにそえられた言葉を手がかりに、生活の場面を思い浮かべられるようにして、子どもが自らその文を作れるようにしています。

どの子も理解できるように、お手本や例文を記載しています。

問題の考え方や答え方がわかるように、お手本やヒントとなるものを記載しています。また、文作のための例文なども記載しています。

光村図書・東京書籍・教育出版の国語教科書から抜粋した詩・物語・説明文教材の問題

三社の優れた教科教材を掲載しています。教科書掲載教材を使用しています。教科書掲載教材を使用しています。

ゆっくりていねいに、段階を追った学習ができます。

習意欲が減退しないように、段階を追ってゆっくりと学習するように構成されており、問題文の全てにふりがなを記載しています。読み書きや漢字が苦手な子どもでも、段階を追った学習ができます。

4段階のステップで、豊かな学力が形成されます。

「音読」「なぞり書き」「写し書き」「暗唱」の4段階のステップで教科教材を深く理解でき、豊かな学力が形成されます。

みるみるぐんぐん力がつく

作文ワーク基礎編

（光村図書・東京書籍・教育出版の教科書教材との対応）

3

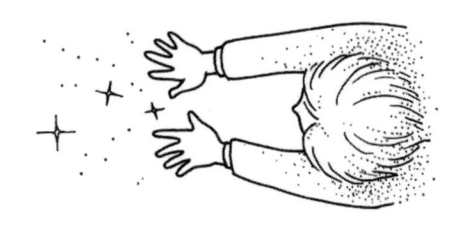

文作り

4

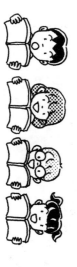

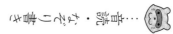

シートの見分け方　暗唱・音読　音読　書き写し・音読

…音読・なぞり書き

…音読・書き写し

…音読・覚える・なぞり書き

…暗唱・覚えて書く

5

文章を音読してから、書き写しましょう。

立秋（りっしゅう）

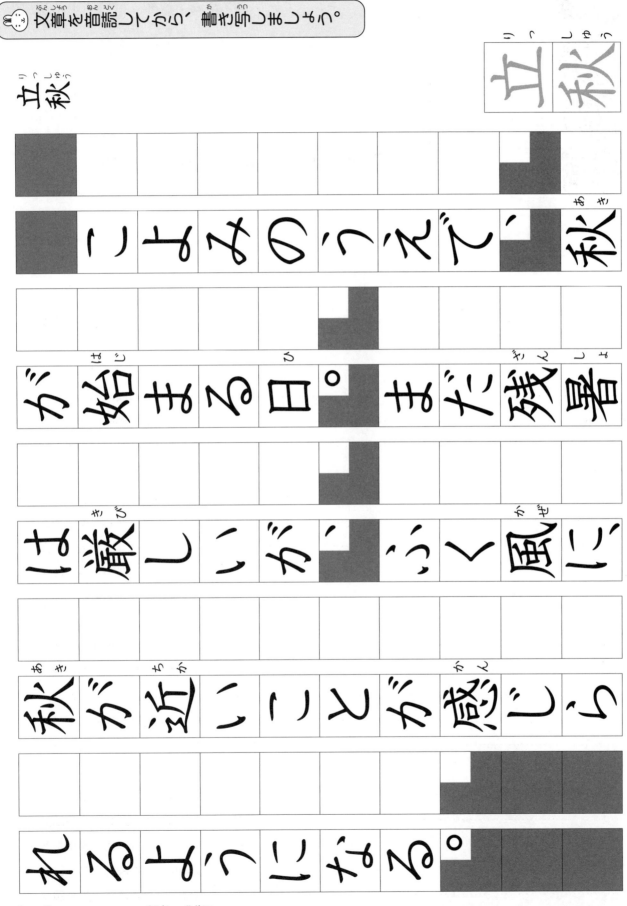

こよみのうえで、秋が始まる日。まだ残暑は厳しいが、ふく風に秋が近いことが感じられるようになる。

★書き終わったら、もう一度、音読しましょう。

（令和二年度版 光村図書 国語 六 創造「季節の言葉3 秋深し」による）

6

文章を音読してから、書き写しましょう。

寒露（かんろ）

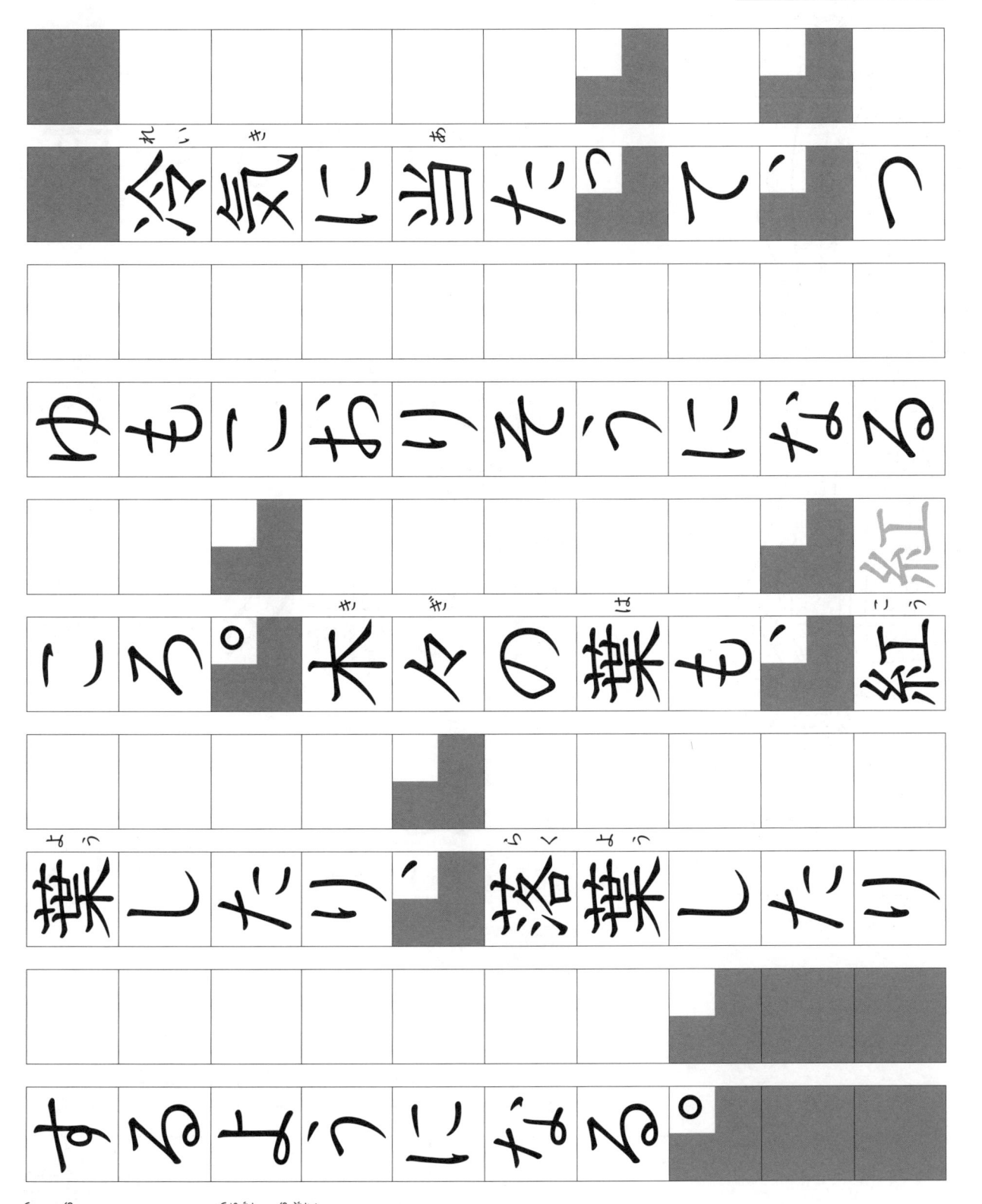

冷気に当たって　つ
ゆもいおりそつになる
こう。木々の葉も、紅
葉したり、落葉したり
するようになる。

★書き終わったら、もう一度、音読しましょう。

（令和二年度版 光村図書 国語 六 創造「季節の言葉3 秋深し」による）

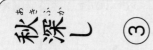

短歌を音読してから、書き写しましょう。

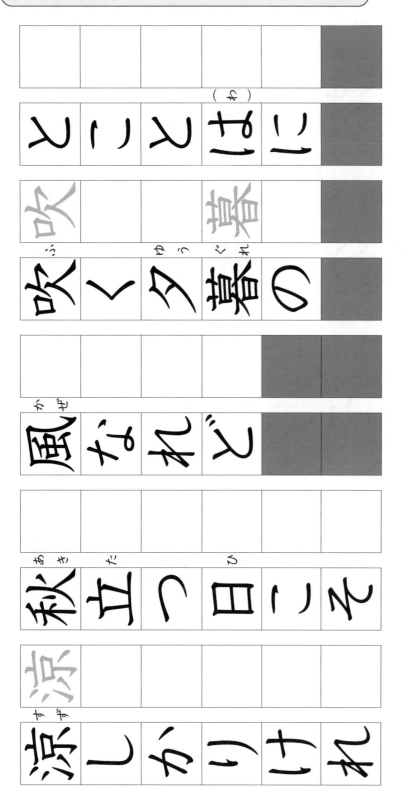

このまには
吹く夕暮の
風なれど
秋立つ日こそ
涼しかりけれ

　　　　藤原公実

8

★書き終わったら、もう一度、音読しましょう。

（令和二年度版 光村図書 国語 六 創造「季節の言葉3 秋深し」による）

近づいてくる。

…しだいに冬に

秋の気配は残っていて

冬が始まる日。

冬は、いよいよ…で

立冬

りっとう 立冬

冬

立冬

光村図書　国語　六　創造（令和二年度版）「季節の言葉4　冬の言葉」より

😊 文章を音読してから、書き写しましょう。

冬のおとずれ ①

名前

★文章を音読してから、書き写しましょう。

冬至

冬至

一年の中で、昼の時間が最も短く、夜が最も長い日。かぼちゃなど、特定の物を食べる習わしがある。

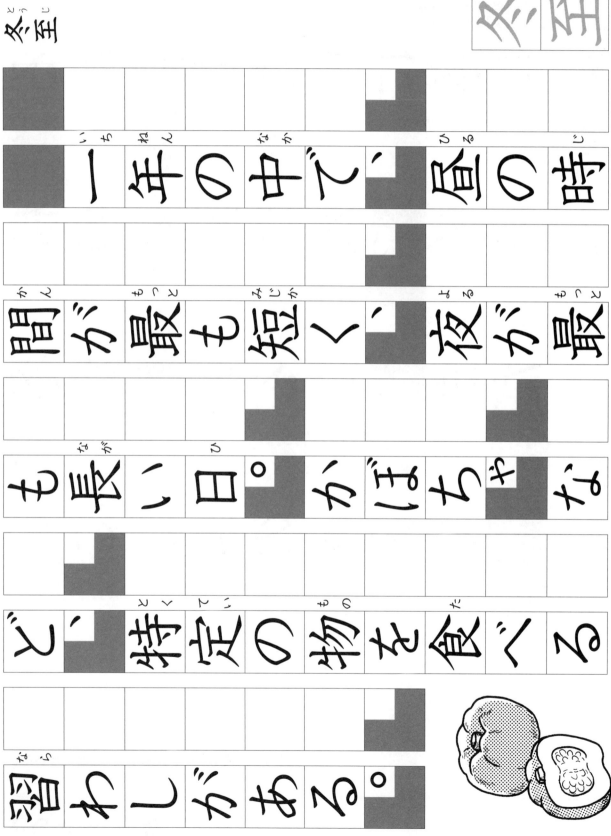

★書き終わったら、もう一度、音読しましょう。

（令和二年度版　光村図書　国語　六　創造「季節の言葉4　冬のおとずれ」による）

冬のおとずれ ③　名前

短歌を音読してから、書き写しましょう。

あたらしく

冬きたりけり

鞭（むち）のごと

幹（みき）ひびき合（あ）ひ

竹（たか）群（むら）はあり

宮（みや）柊二（しゅうじ）

★書き終わったら、もう一度、音読しましょう。

（令和二年度版　光村図書　国語　六　創造「季節の言葉4　冬のおとずれ」による）

文章を音読してから、書き写しましょう。

実際に絵巻物を手にして

右から左へと巻きながら見

ていけば、取っ組み合って

蛙　兎

いた蛙が兎を投げ飛ばした

ように感じられる。

★書き終わったら、もう一度、音読しましょう。

（令和二年度版　光村図書　国語　六　創造　高畑　勲）

（令和(れいわ)二年度版(ねんどばん)　光村図書　国語　六　創造　高畑勲）

けむりか　もないか　と思(おも)か
これは　いったいは　なんだろう。

ているのに気(き)がついたかいたな。

飛(と)ばした蛙(かえる)の口(くち)から線(せん)が出(で)止

てみよう。うますます。兎(うさぎ)を投(な)げ

もう少(すこ)し　へしわへしかへし絵(え)を見(み)

『鳥獣戯画(ちょうじゅうぎが)』を読(よ)む　②

名前(なまえ)

文章を音読してから、書き写しましょう。

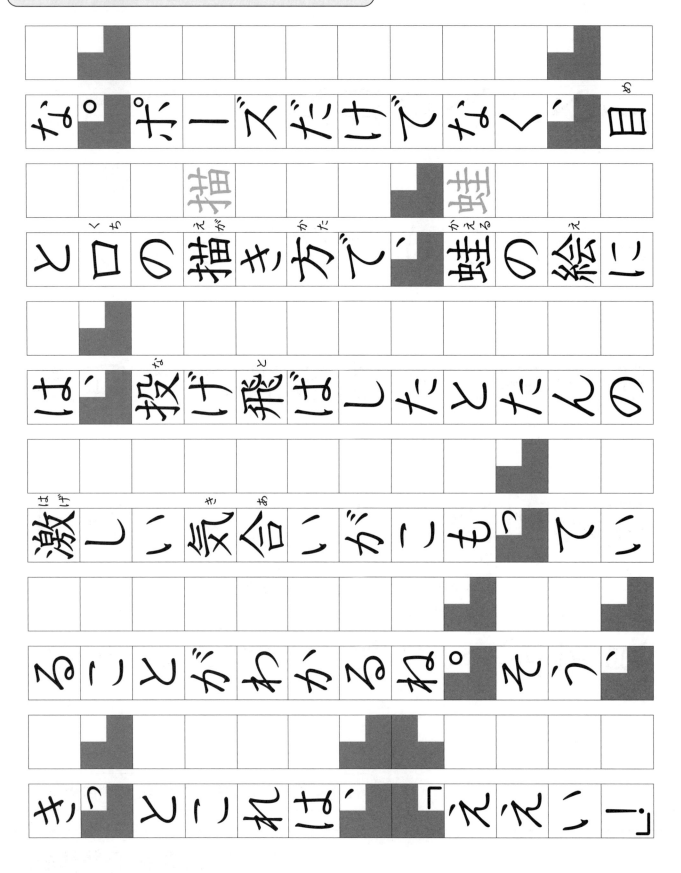

な。ボーズだけでなく、目

と口の描き方で、蛙の絵に

は、投げ飛ばしたとたんの

激しい気合いがこもってい

ることがわかるね。そして、

きっとこれは、「ええい!」

★書き終わったら、もう一度、音読しましょう。

(令和二年度版 光村図書 国語 六 創造 高畑 勲)

文章を音読してから、書き写しましょう。

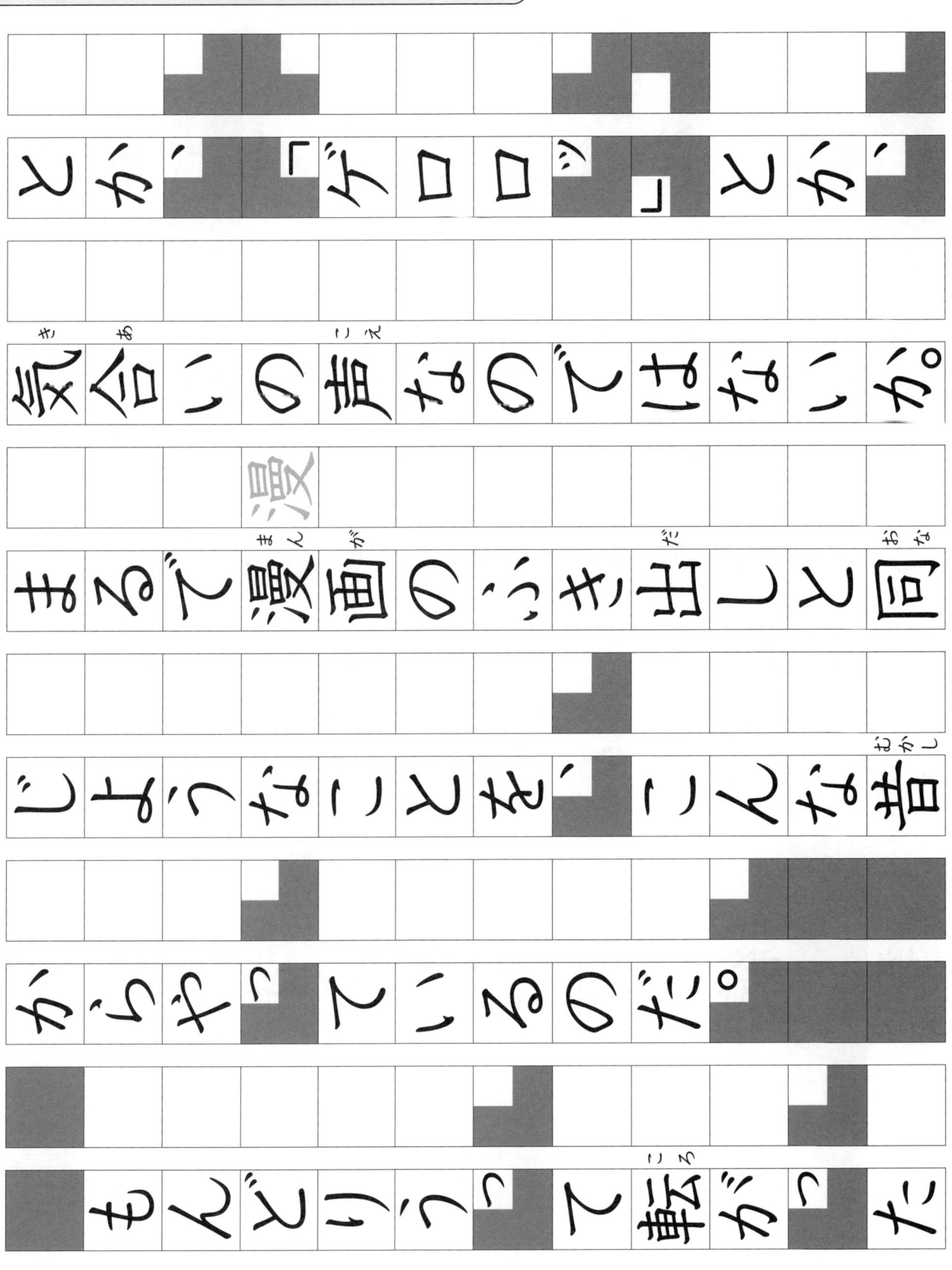

とか、「ゲロロッ」とか

気合いの声なのではないか。

まるで漫画のふき出しと同

じように、「ええいっ」とか昔

からす「ゲロロッ」というのだ。

もんどりうって転がった

★書き終わったら、もう一度、音読しましょう。

（令和二年度版　光村図書　国語　六　創造　高畑　勲）

文章を音読してから、書き写しましょう。

兎

兎の、背中や右足の線。勢

いがあって、絵が止まって

いない。動きがある。しか

も、投げられたのに目も口

も笑っている。それがはっ

きりとわかる。ついでば

文章を音読してから、書き写しましょう。

前の絵の、応援していた兎

たちも笑っていた。ほんの

ちょっとした筆さばきだけ

で、見事にそれを表現して

いる。たいしたものだ。で

は、なぜ、兎たちは笑って

★書き終わったら、もう一度、音読しましょう。

（令和二年度版　光村図書　国語　六　創造　高畑　勲）

文章を音読してから、書き写しましょう。

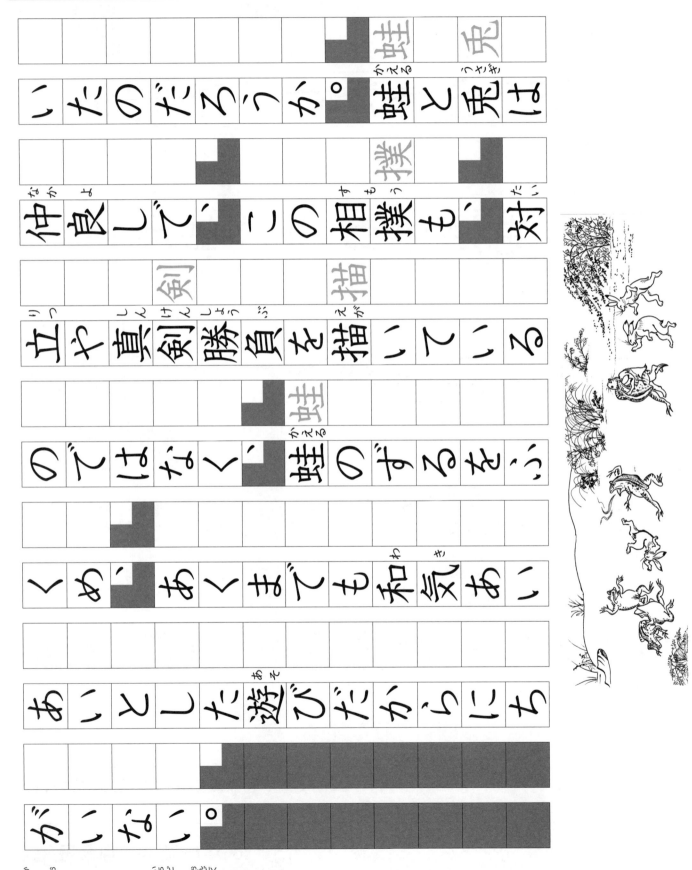

いたのだろうか。蛙と兎は
仲良しで、この相撲も、対
立や真剣勝負を描いている
のではなく、蛙のすらをう
くめ、あくまでも和気あい
あいとした遊びだからにち
がいない。

★書き終わったら、もう一度、音読しましょう。

（令和二年度版 光村図書 国語 六 創造 高畑 勲）

名前

😊 文章を音読してから、書き写しましょう。

柿
主し

や こ 、 や こ 、 や こ 、 や こ 、 。

山
伏

そ り 、 、 見 つ け ら れ た そ う

な 。 か く れ ず は な る ま い 。

柿
主し

さ れ ば 、 そ 、 顔 を か く い た 。

あ の 柿 の 木 の か げ く か く れ

た な 、 よ う よ う 見 れ ば 、 人

★書き終わったら、もう一度、音読しましょう。

（令和二年度版 光村図書 国語 六 創造 「狂言 柿山伏」による）

文章を音読してから、書き写しましょう。

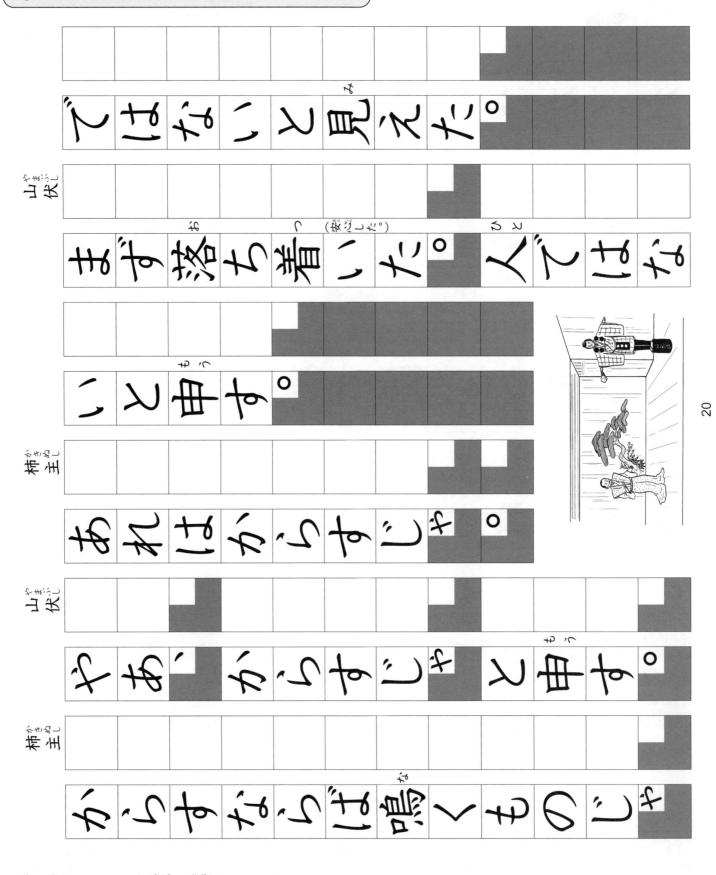

では ない と 見（み）え た。

山伏（やまぶし）

まず 落（お）ち 着（つ）い た。（安心した。）人（ひと）で は な

い と 申（もう）す。

柿主（かきぬし）

あ れ は か ら す じゃ。

山伏（やまぶし）

やあ、 か ら す じゃ と 申（もう）す。

柿主（かきぬし）

か ら す な ら は 鳴（な）く も の じゃ

20

★書き終わったら、もう一度、音読しましょう。

（令和二年度版 光村図書 国語 六 創造「狂言 柿山伏」による）

名前

😊 文章を音読(おんどく)してから、書き写(うつ)しましょう。

が、おのれは鳴(な)かぬか。

山伏(やまぶし)
これは鳴(な)かずはなるまい。

柿主(かきぬし)
おのれが鳴(な)かずは人(ひと)であら

う。その弓(ゆみ)矢(や)をおい(よ)せ(い)——

矢(や)に射(い)殺(ころ)いてやらう。

山伏(やまぶし)
こかあ、こかあ、こかあ、

★書(か)き終(お)わったら、もう一度(いちど)、音読(おんどく)しましょう。

（令和二年度版 光村図書 国語 六 創造「狂言 柿山伏」による）

文章を音読（おんどく）してから、書き写しましょう。

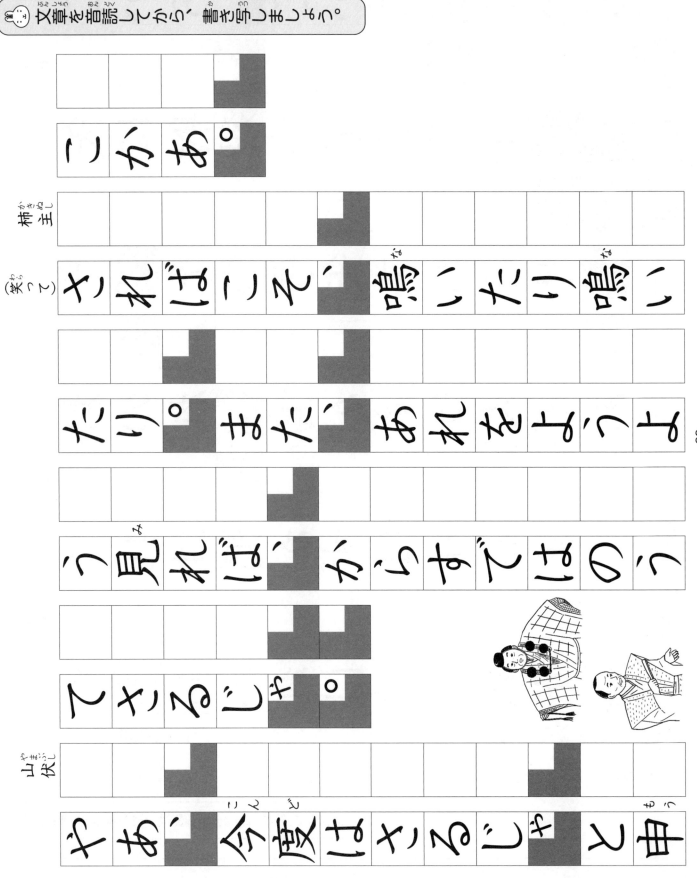

これかあ。

柿主（かきぬし）

笑（わらう）こ　されば、いそ、鳴（な）いたり鳴（な）い
たり。また、あれをようよ
う見（み）れば、からすではのー
てゐるじゃ。

山伏（やまぶし）　やあ、今度（こんど）はさゐるじゃと申（もう）

22

文章を音読してから、書き写しましょう。

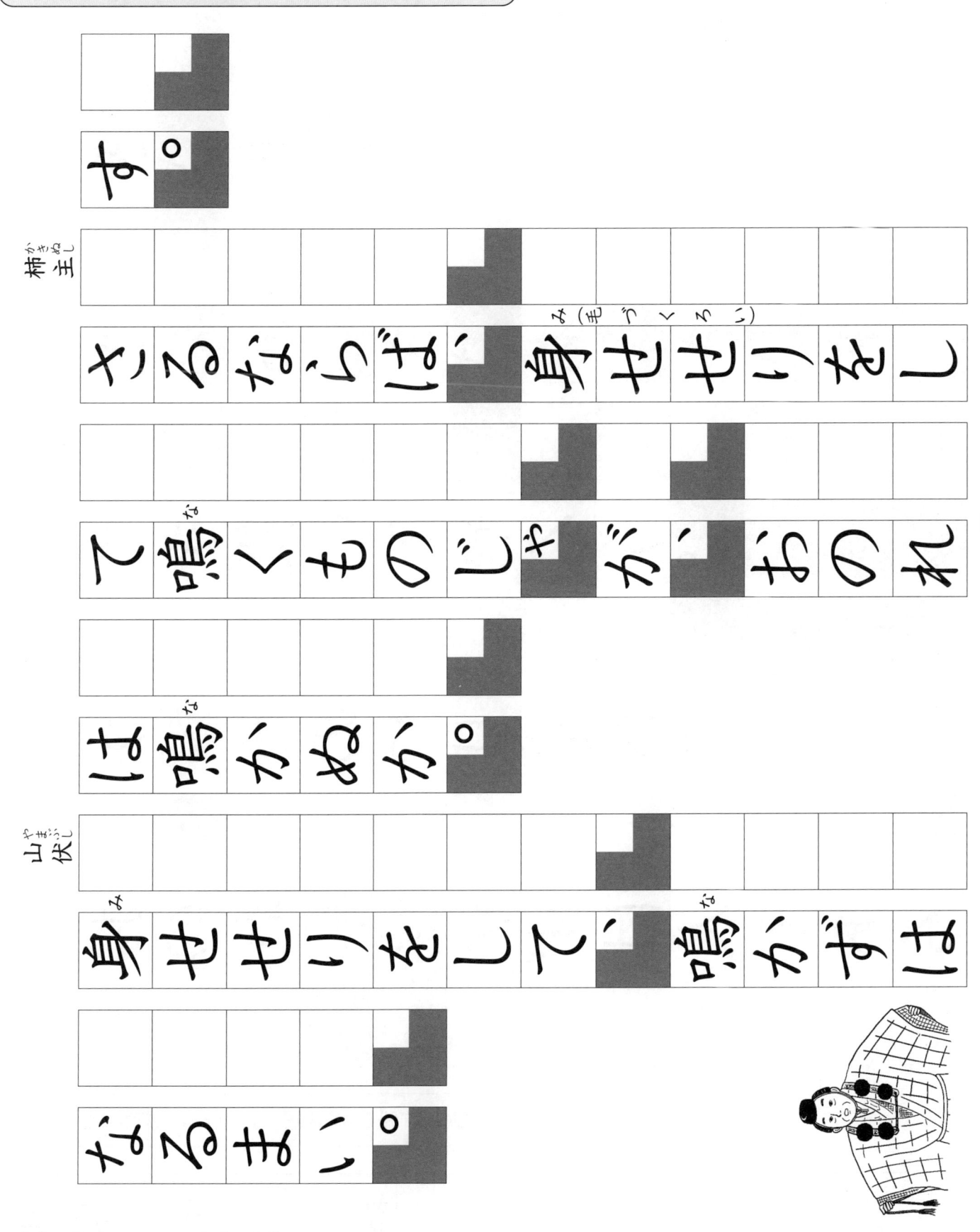

す。

柿主（かきぬし）

さるならは、身（み）せせり（もうくろう）をし

て鳴（な）くものじゃが、おのれ

は鳴（な）かぬか。

山伏（やまぶし）

身（み）せせりをして、鳴（な）かすは

なるまい。

★書き終わったら、もう一度、音読しましょう。

（令和二年度版 光村図書 国語 六 創造「狂言 柿山伏」による）

😊 文章を音読（おんどく）してから、書き写（うつ）しましょう。

柿主（かきぬし）

おのれ、鳴（な）かずは人（ひと）であ る

つ。そのえりを持（も）つ て こ い、

つき殺（ころ）い て ち ら う。

山伏（やまぶし）

キャア、キャア、キャア、

キャア。

柿主（かきぬし）

（笑（わら）つ）鳴（な）い た り 鳴（な）い た り。キ ャ ツ キ

24

🐰 文章を音読してから、書き写しましょう。

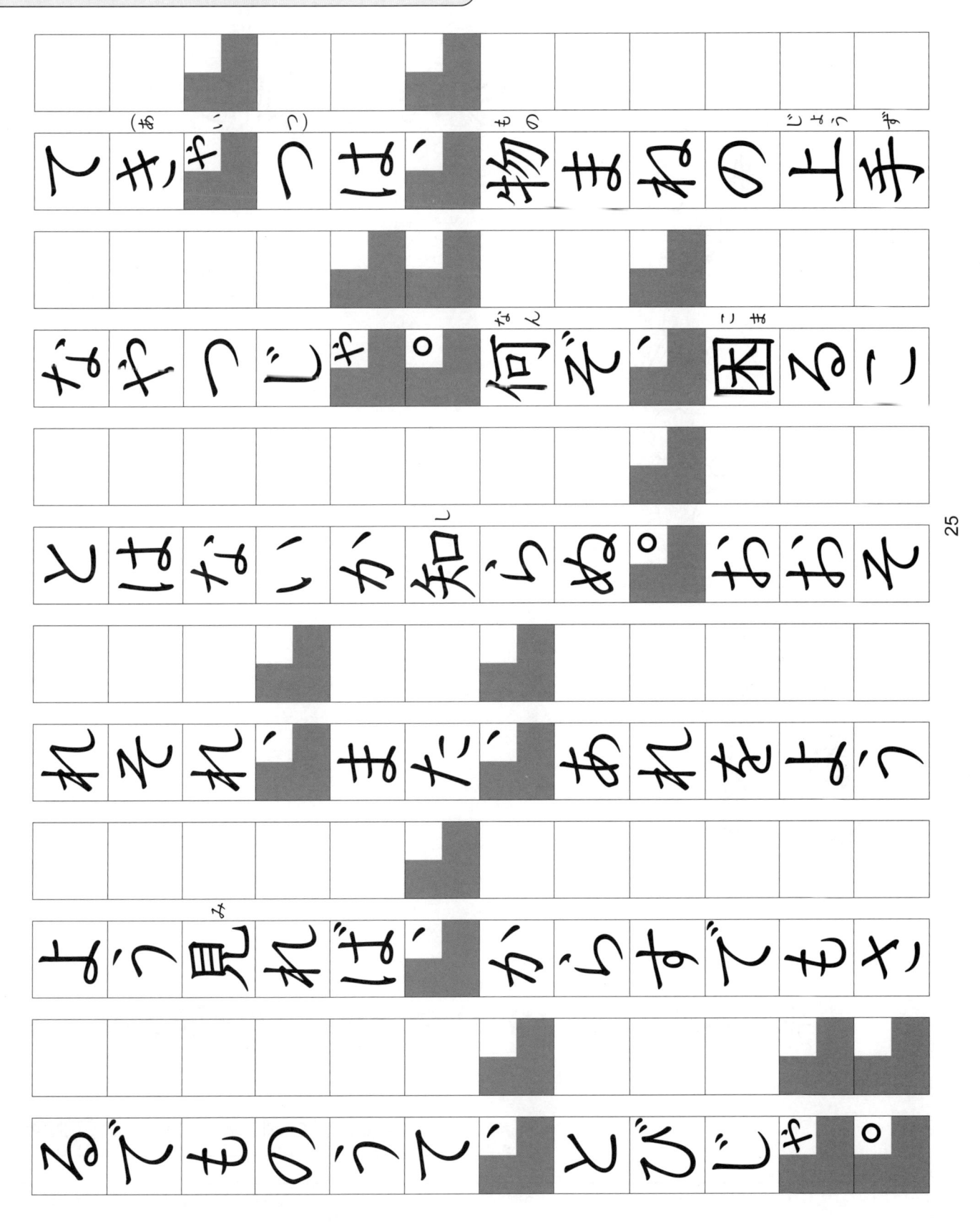

こやつは、物(もの)まねの上手(じょうず)なやつじゃ。何(なん)ぞ、困(こま)らいことはないか知(し)らぬ。おのそれそれ、また、おれをよう見(み)れば、からすとも、さるとも、つとひじゃ。

★書き終わったら、もう一度、音読しましょう。

（令和二年度版　光村図書　国語　六　創造「狂言　柿山伏」による）

😊 詩を音読してから、書き写しましょう。

動物たちの恐ろしい夢のなかに　　川崎　洋

犬も

馬も

夢をみるらしい

動物たちの

恐ろしい夢のなかに

人間がこいませんように

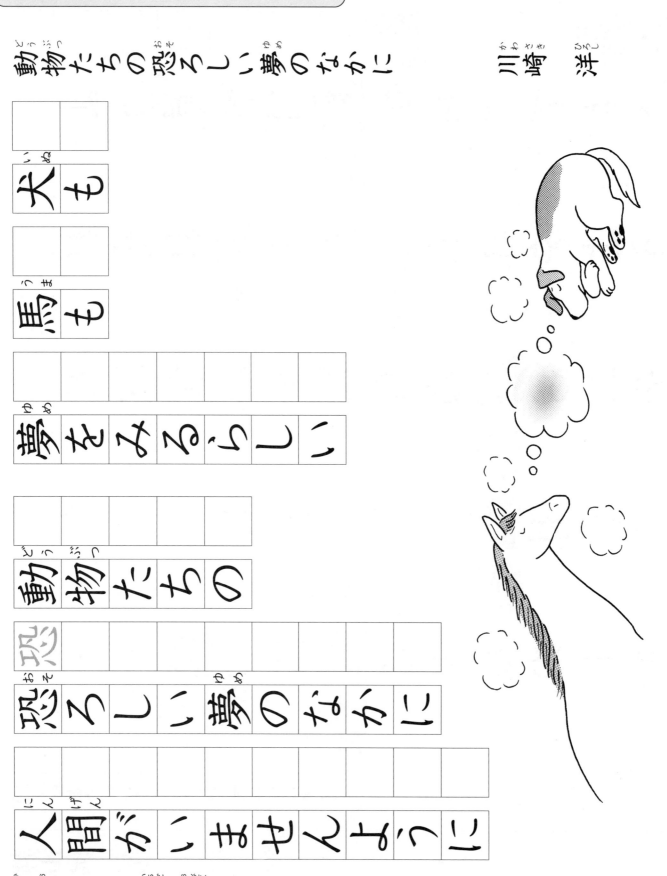

26

★書き終わったら、もう一度、音読しましょう。

（令和二年度版　光村図書　国語　六　創造　川崎　洋）

（令和二年度版）光村図書　国語　六　創造　川崎洋

27

動物たちの
恐ろしい夢の
なかに

人間が　出てくるか
どうか
知りません

馬も
犬も

川崎　洋

動物たちの
恐ろしい夢の
なかに

詩を音読して、覚えましょう。また、詩を書きましょう。

名前

② 詩を朗読してしょうかいしよう
動物たちの恐ろしい夢のなかに

😊 詩を暗唱しましょう。覚えたら書きましょう。

動物たちの恐ろしい夢のなかに　　川崎 洋

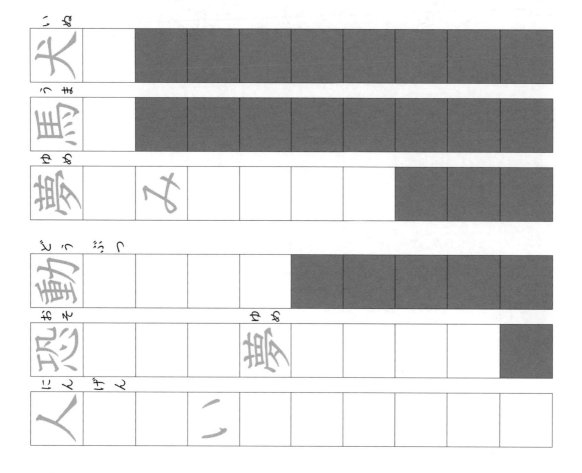

いぬ	犬									
うま	馬									
ゆめ	夢	み								
どうぶつ	動									
おそ	恐		ゆめ 夢							
にんげん	人			に						

👀 詩を音読して、覚えましょう。また、詩を書きましょう。

つくし　　　　　　　　　武鹿　悦子

つくしの
こえが
きこえる
こに

つくしの
こえが
きこえる
いちゅんしゅん

つくし ②
詩を朗読してしょうかいしよう

名前

😊 詩を暗唱しましょう。覚えたら書きましょう。

つくし　　　　　武鹿　悦子

★書き終わったら、もう一度、音読しましょう。

（令和二年度版　光村図書　国語　六　創造　武鹿　悦子）

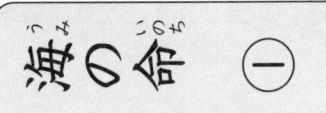

文章を音読してから、書き写しましょう。

興奮していながら、太一は冷静だった。これが自分の追い求めてきたまぼろしの魚、村一番のもぐり漁師だった父を破った瀬の主なのかもしれない。太一は鼻

★書き終わったら、もう一度、音読しましょう。

（令和二年度版 光村図書 国語 六 創造 立松和平）
※「海の命」は、令和二年度版 東京書籍 新しい国語 六 にも掲載されています。

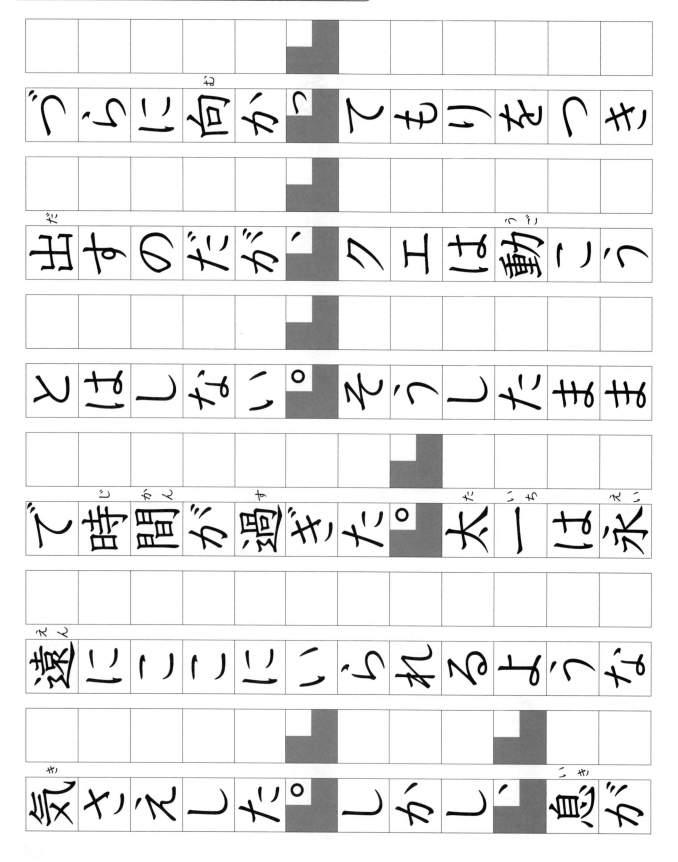

文章を音読（おんどく）してから、書（か）き写（うつ）しましょう。

（本文・書き写し用マス）

こらに向（む）かって　ともりをつき

出（だ）すのだが、クエは動（うご）こう

とはしない。そうしたまま

二（に）時（じ）間（かん）が過（す）ぎた。太（た）一（いち）は永（えい）

遠（えん）にここにいられるような

気（き）さえした。しかし、息（いき）が

32

（令和二年度版　光村図書　国語　六　創造　立松和平）
※「海の命」は、令和二年度版　東京書籍　新しい国語　六　にも掲載されています。

おだやかな目だった。この大魚

すでに太一を見ていた。おだ

瀬の主は全く動こうということはせ

もう一度もどってきても、

ていへ。

苦しくなってきたのだったかん

😊 文章を音読してから、音読した文を書き写しましょう。

③ 海の命

名前

※「海の命」は、（令和二年度版　光村図書　国語　六　創造）東京書籍　新しい国語　六　にも掲載されています。

海の命 ④

文章を音読してから、書き写しましょう。

は自分に殺されたがってい
るのだと、太一は思ったは
ずだった。これまで数限り
なく魚を殺してきたのだが、
こんな感情になったのは初
めてだ。この魚をとらなけ

★書き終わったら、もう一度、音読しましょう。

（令和二年度版 光村図書 国語 六 創造 立松和平）

※「海の命」は、令和二年度版 東京書籍 新しい国語 六 にも掲載されています。

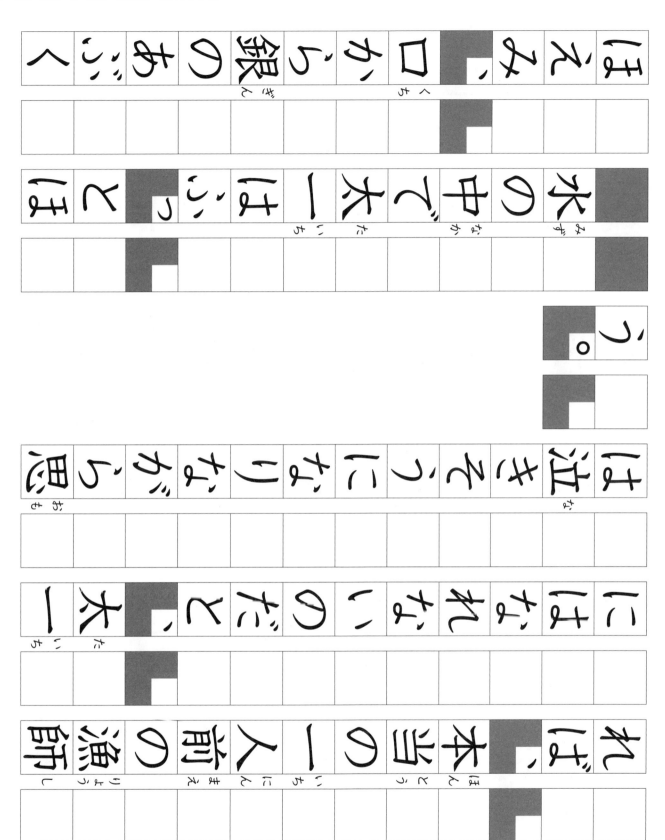

水(みず)の中(なか)で太(たい)一(いち)はほほえみ、口(くち)から銀(ぎん)のあぶくを出した。

こう。

太一は泣(な)きそうになりながら思(おも)う。

「この海にはおまえがいなければならないのだ。

これは、本(ほん)当(とう)の一(いち)人(にん)前(まえ)の漁(りょう)師(し)だ。」

※「海の命」は、令和二年度版　東京書籍「新しい国語　六」、光村図書「国語　六」に掲載されています。　立松和平

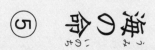
文章を音読してから、書き写しましょう。

海(うみ)の命(いのち)　⑤　　名前

文章を音読してから、書き写しましょう。

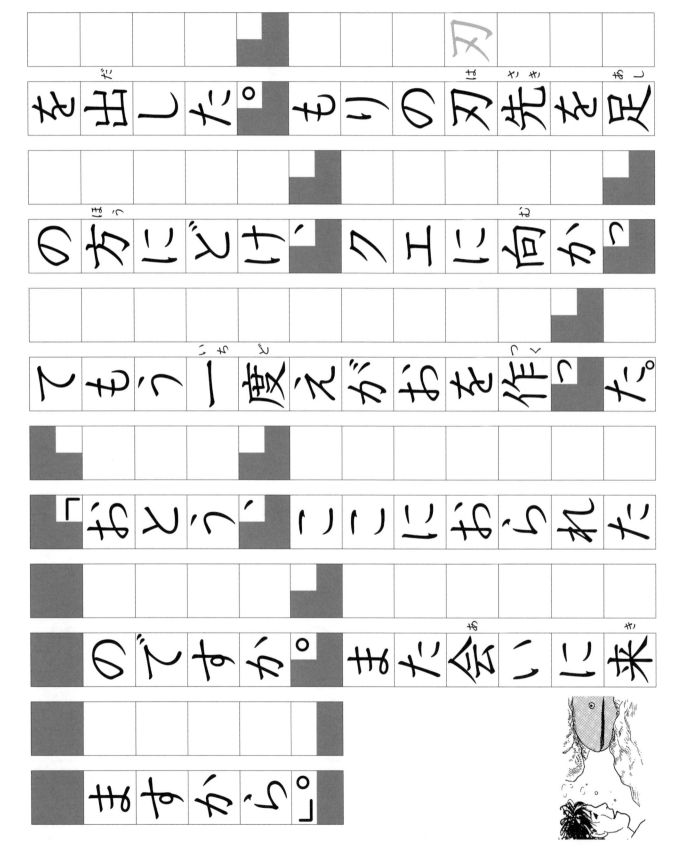

を出した。もりの刃先を足の方にどけ、クエに向かってもう一度えがおを作った。「おとう、ここにおられたのですか。また会いに来ますから。」

36

★書き終わったら、もう一度、音読しましょう。

（令和二年度版 光村図書 国語 六 創造 立松和平）
※「海の命」は、令和二年度版 東京書籍 新しい国語 六 にも掲載されています。

文章を音読してから、書き写しましょう。

大と　って　よにスイて　っ思って　こ

一は瀬の主を殺さないで済

んだのだ。大魚はこの海の

命だと思えた。

★書き終わったら、もう一度、音読しましょう。

（令和二年度版　光村図書　国語　六　創造　立松和平）

※「海の命」は、令和二年度版　東京書籍　新しい国語　六　にも掲載されています。

★ 詩を音読して、覚えましょう。また、詩を書きましょう。

春に　　　　　　　　　　　　　谷川　俊太郎

こ	の	気	も	ち	は	な	ん	だ	ろ	う
目	に	見	え	な	い					
エ	ネ	ル	ギ	ー	の	流	れ	が		
大	地	か	ら							
あ	し	の	う	ら	を	伝	わ	っ	て	
ぼ	く	の	腹	へ	胸	へ				
そ	う	し	て	の	ど	へ				
声	に	な	ら	な	い					
さ	け	び	と	な	っ	て	こ	み	あ	げ	る

★ 書き終わったら、もう一度、音読しましょう。

（令和二年度版 東京書籍 新しい国語 六 谷川 俊太郎）

詩を暗唱しましょう。覚えたら書きましょう。

春に　　　　　谷川　俊太郎

こ		気			な				
目		見							
エ			流						
大	地								
あ			う		伝				
ぼ		腹	胸						
そ		の							
声	な								
さ					こ				

★書き終わったら、もう一度、音読しましょう。

（令和二年度版 東京書籍 新しい国語 六 谷川 俊太郎）

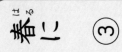

👧 詩を音読して、覚えましょう。また、詩を書きましょう。

こ	の	気	も	ち	は	な	ん	だ	ろ	う		
枝	の	先	の	つ	く	ら	ん	だ				
新	芽	が	い	ち	せ	い	に					
ひ	ら	こ	う	と	し	て	い	る				

よ	ろ	こ	び	だ								
し	か	し	か	な	し	み	で	も	あ	る		
い	ら	だ	ち	だ								
し	か	も	や	す	ら	ぎ	が	あ	る			
あ	こ	が	れ	だ								

そ	し	て	い	か	り	が	か	く	れ	て	い	る
こ	の	タ	ぐ	に	せ	き	て	め	ら	れ		
よ	ぶ	み	渦	ま	き	せ	め	ぎ	あ	い		
い	ま	あ	ふ	れ	よ	う	と	す	る			

詩(し)を暗唱(あんしょう)しましょう。覚(おぼ)えたら書(か)きましょう。

こ		気(き)					な			
枝(えだ)		先(さき)		ふ						
新(しん)	芽(め)		く		し					
よ										
し	か	し	か							
い										
し			や							
あ										
そ		こ	か	り		か				
こ		ダ			せ					
よ		渦(うず)			や					
こ		あ					す			

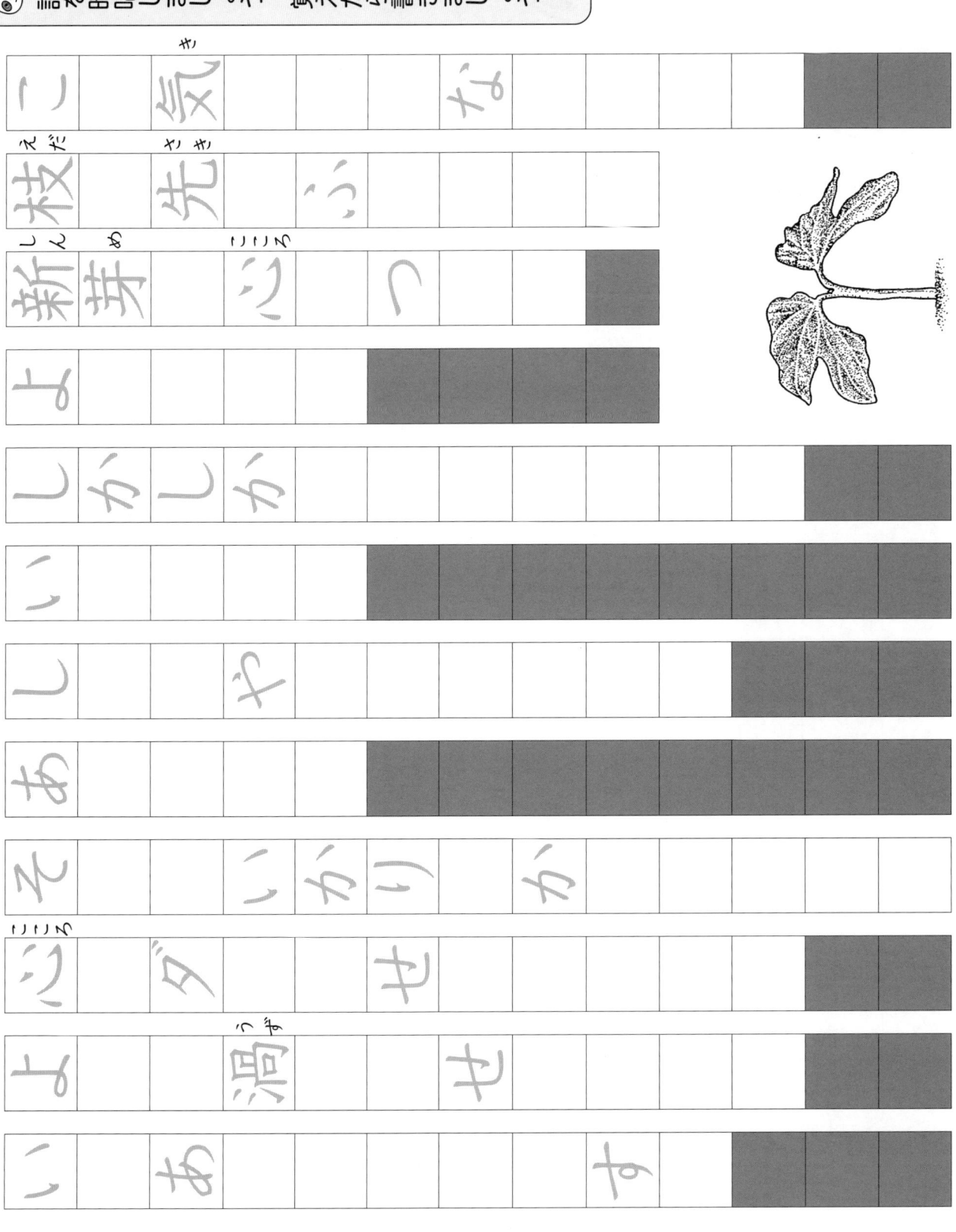

★書(か)き終(お)わったら、もう一度(いちど)、音読(おんどく)しましょう。

（令和二年度版　東京書籍　新しい国語　六　谷川俊太郎）

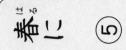

詩を音読して、覚えましょう。また、語を書きましょう。

こ	の	気	も	ち	は	な	ん	だ	ろ	う	
あ	の	空	の	あ	の	青	に				
手	を	ひ	た	し	た	い					
ま	だ	会	っ	た	こ	と	の	な	い		
す	ぐ	そ	こ	の	人	と					
会	っ	て	み	た	い	話	し	て	み	た	い
あ	し	た	と	あ	さ	っ	て	が			
一	度	に	く	る	と	い	い				
ぼ	く	は	も	ど	か	し	い				

★書き終わったら、もう一度、音読しましょう。

（令和二年度版　東京書籍　新しい国語　六　谷川　俊太郎）

詩を暗唱しましょう。覚えたら書きましょう。

こ	の	気					な
あ		空	あ	の	青		
手	ひ						
ま		会っ	た	り			
す		人					
会っ		み		話		み	
あ			あ		っ		
一	度	く					
ほ		も					

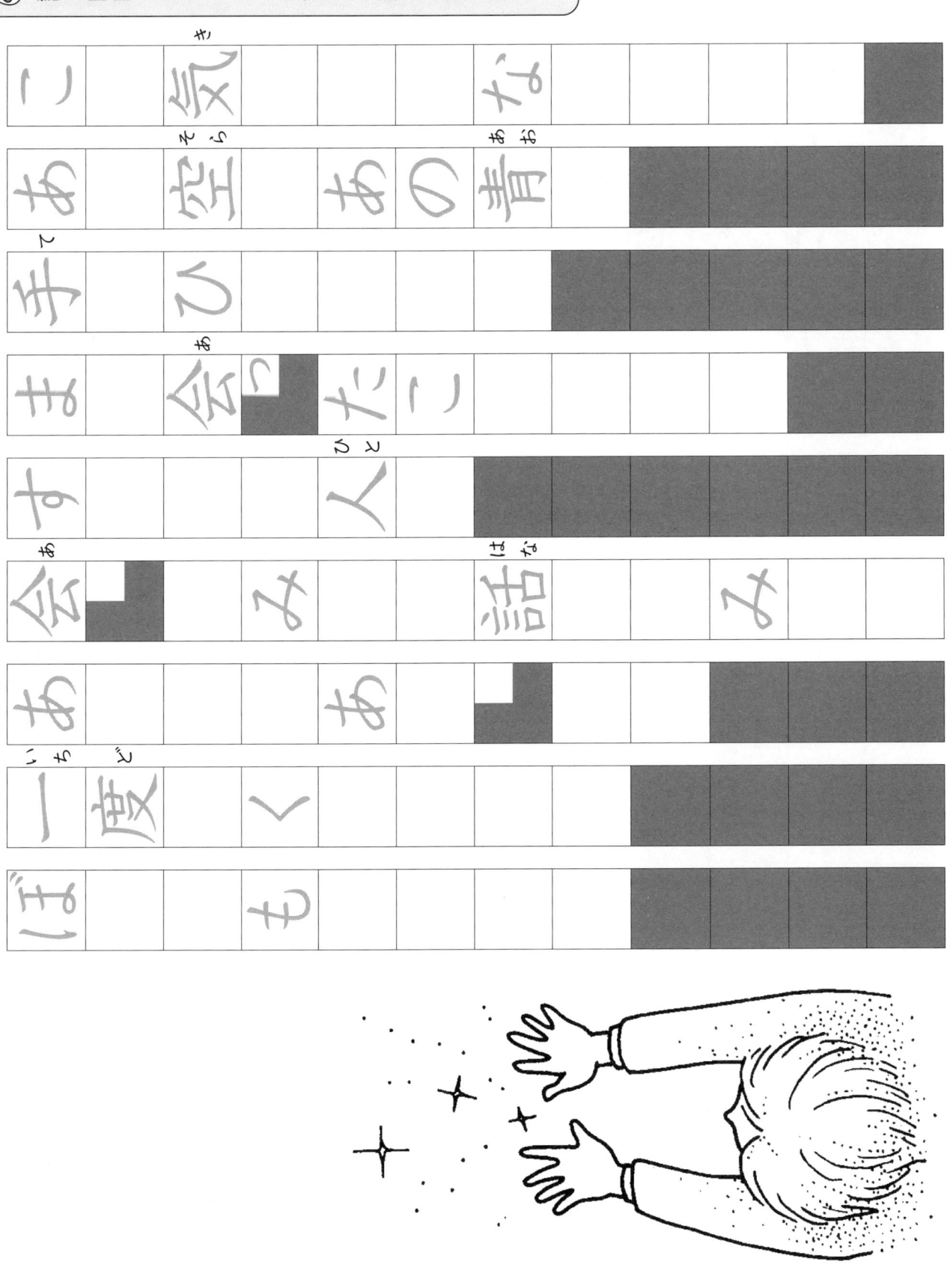

★書き終わったら、もう一度、音読しましょう。

（令和二年度版 東京書籍 新しい国語 六 谷川俊太郎）

43

😊 語を音読して、覚えましょう。また、語を書きましょう。

地平線(ちへいせん)のかなたくと

歩(ある)きつづけたい

そのくせ草(くさ)の上(うえ)に

じっとしていたい

大声(おおごえ)でだれかを呼(よ)びたい

そのくせ

ひとりで黙(だま)っていたい

この気(き)もちはなんだろう

春に ⑧　名前

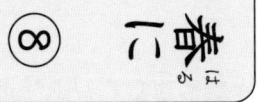詩を暗唱しましょう。音読して覚えたら書きましょう。

この気（き）もちはなんだろう

黙（だま）って

そ

大声（おおごえ）でだれかに呼（よ）びたい

そしてだ

この草（くさ）の上（うえ）

歩（ある）きたい　この草の上（うえ）

地（ち）平（へい）線（せん）のかなたへか

（令和二年度版　東京書籍　新しい国語　三
東京書籍　新しい国語　三　谷川俊太郎）

文章を音読してから、書き写しましょう。

坊っちゃん　　　　　　　　　　　　　　夏目　漱石

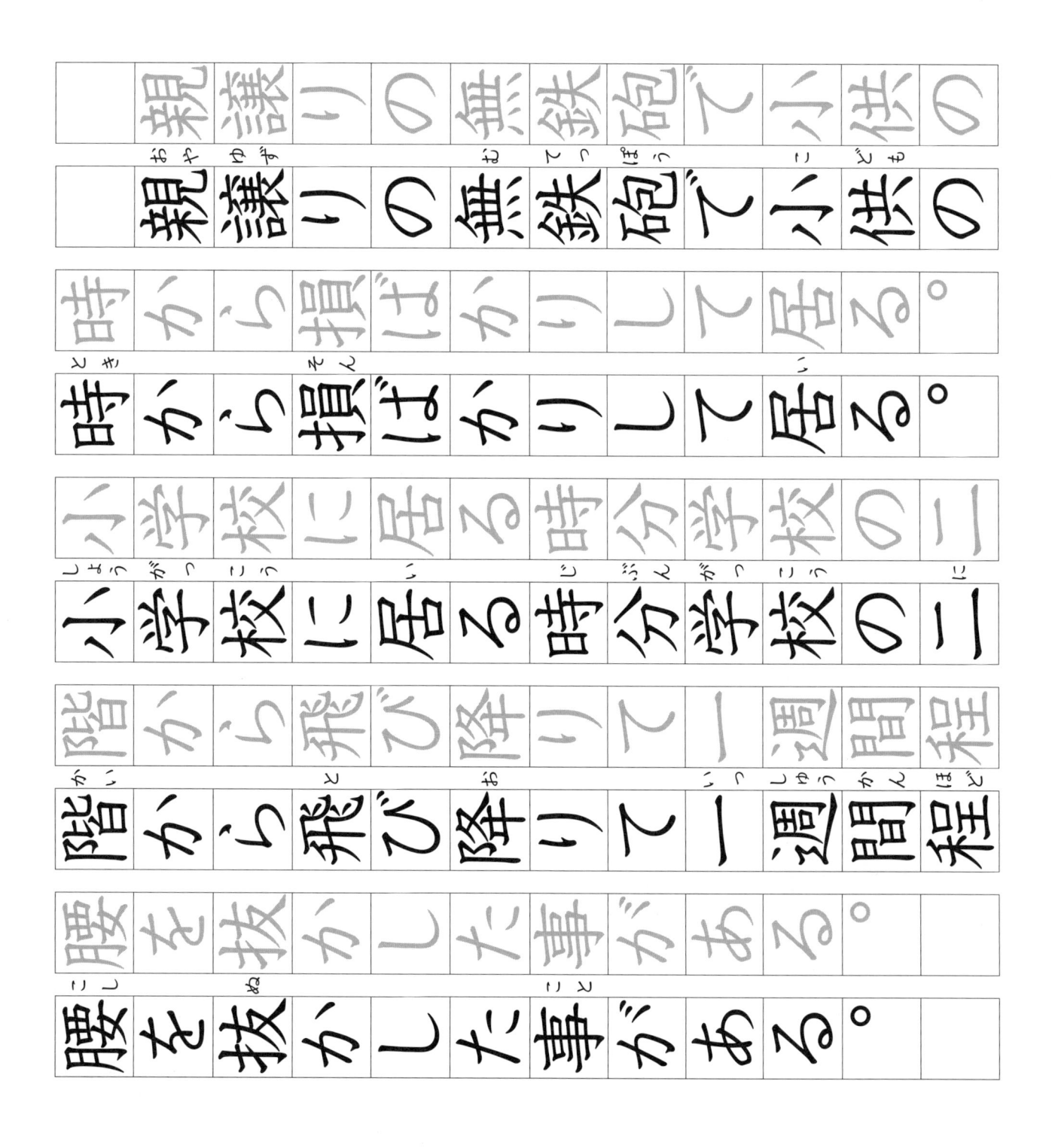

親譲りの無鉄砲で小供の

時から損ばかりして居る。

小学校に居る時分学校の二

階から飛び降りて一週間程

腰を抜かした事がある。

文章を音読してから、書き写しましょう。

坊っちゃん　　　　　　　　　　　　夏目　漱石

親譲りの無鉄砲で小供の

時から損ばかりして居る。

小学校に居る時分学校の二

階から飛び降りて一週間程

腰を抜かした事がある。

★書き終わったら、もう一度、音読しましょう。　　（令和二年度版　教育出版　ひろがる言葉　小学国語　六下「言葉は時代とともに」による）

（今年度版）
教育出版
光村図書
小学国語
「国語五年」

なぜそんな無闇をしたと聞く人があるかも知れぬ。別段深い理由でもない。新築の二階から首を出していたら、同級生の一人が冗談に居た

48

❀ 文章を音読してから、書きましょう。

坊っちゃん ③
夏目漱石　言葉は時代によって

名前

★書き終わったら、もう一度、音読しましょう。

（令和二年度版 教育出版 小学国語 六上 「言葉は時代とともに」による）

なぜそんな無闇（むやみ）をしたと聞（き）く人（ひと）があるかも知（し）れぬ。別（べつ）段（だん）深（ふか）い理（り）由（ゆう）でもない。新（しん）築（ちく）の二（に）階（かい）から首（くび）を出（だ）して居（い）たら、同（どう）級（きゅう）生（せい）の一人（ひとり）が冗（じょう）談（だん）に

文章を音読してから、書き写しましょう。

坊（ぼ）っちゃん ④
言葉は時代とともに
名前

文章（ぶんしょう）を音読（おんどく）してから、書（か）き写（うつ）しましょう。

こく（く）ら威張（いば）っても、そ

こから飛（と）び降（お）りる事（こと）は

出来（でき）ます。弱虫（よわむし）ヤーい。

と囃（はや）したから。

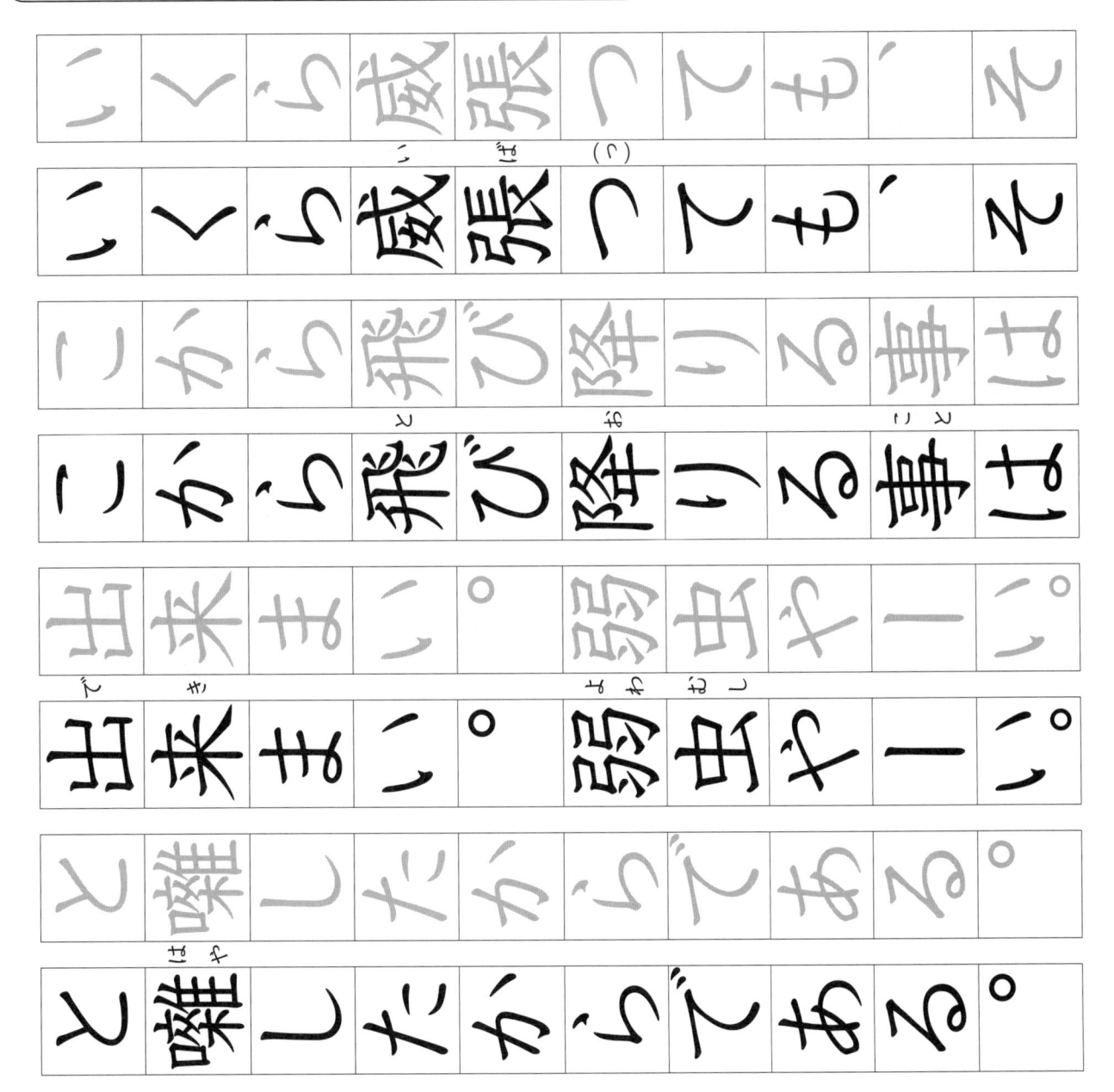

★書（か）き終（お）わったら、もう一度（いちど）、音読（おんどく）しましょう。　　（令和二年度版　教育出版　ひろがる言葉　小学国語　六下　「言葉は時代とともに」による）

文章を音読してから、書き写しましょう。

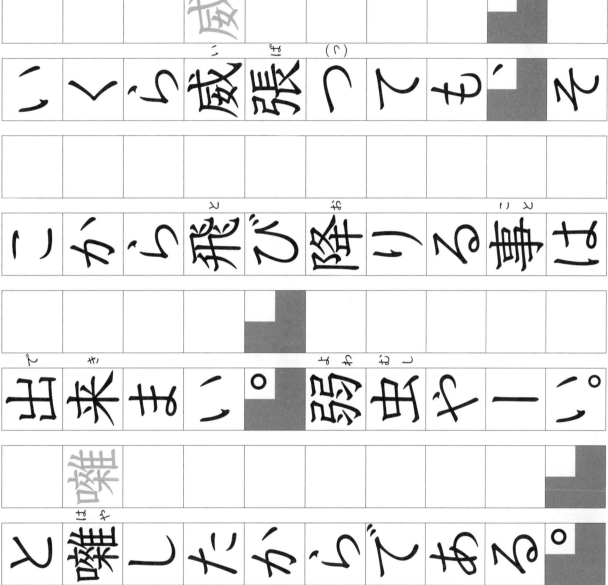

いくら威張(いば)っても、そ

こから飛(と)び降(お)りる事(こと)は

出来(でき)まい。弱虫(よわむし)やーい。

と囃(はや)したからである。

51

★書き終わったら、もう一度、音読しましょう。　　（令和二年度版　教育出版　ひろがる言葉　小学国語　六下　「言葉は時代とともに」による）

高（たか）く泳（およ）ぐや

鯉（こい）のぼり

橘（たちばな）かおる

朝風（あさかぜ）に

重（かさ）なる波（なみ）の

中空（なかぞら）を

甍（いらか）の波（なみ）と

雲（くも）の波（なみ）

鯉（こい）のぼり

詩を音読してから、書き写しましょう。

名前

鯉のぼり　人を引きつける表現⑥

（令和2年度版 光村図書 国語 六 創造 「人を引きつける表現」による）

文章を音読してから、書き写しましょう。

「もうねろねう。おそいぞ。

あしたイサドく連れて、い

かんぞ。」

「お父さん、ぼくたちのあ

わ、どっち大きいの。」

「それは兄さんのほうだら

53

★書き終わったら、もう一度、音読しましょう。

（令和二年度版　光村図書　国語　六　創造　宮沢賢治）

やまなし ②

名前

文章を音読してから、書き写しましょう。

う。」

「そうじゃないよ。ぼくの

ほう、大きいんだよ。」

弟のかには泣きそうになり

ました。

その、とき、トブン。

（令和二年度版 光村図書 国語 六 創造 宮沢賢治）

やまなし ③　名前

文章を音読してから、書き写しましょう。

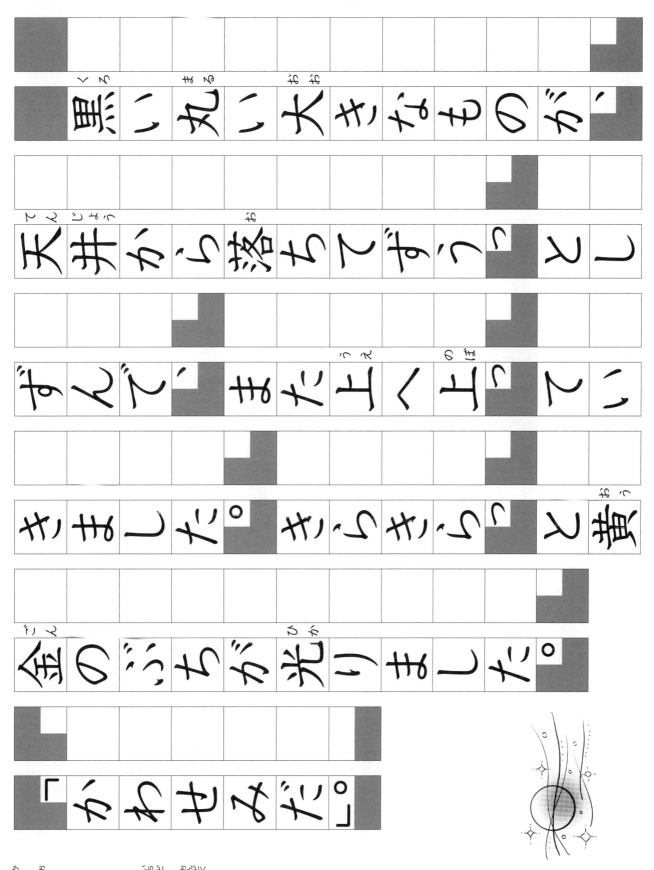

黒い丸い大きなものが、

天井から落ちてずうっと

すんで、また上く上っていきました。きらきらっと黄

金のぶちが光りました。

「かわせみだ。」

★書き終わったら、もう一度、音読しましょう。

(令和二年度版 光村図書 国語 六 創造 宮沢 賢治)

文章を音読してから、書き写しましょう。

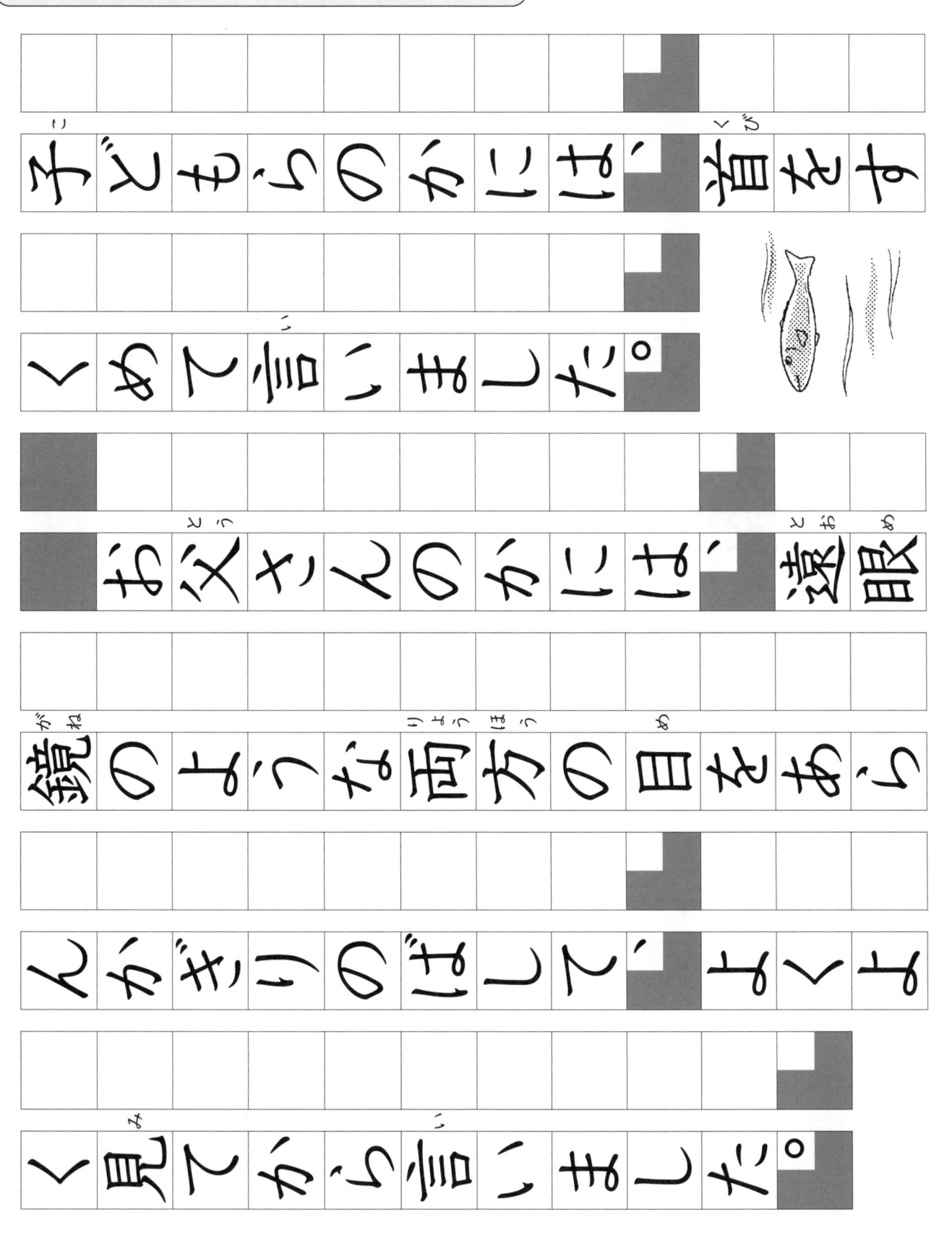

子どもらのかには、首をすくめて言いました。

お父さんのかには、遠眼鏡のような両方の目をあらんかぎりのばして、よくよく見てから言いました。

56

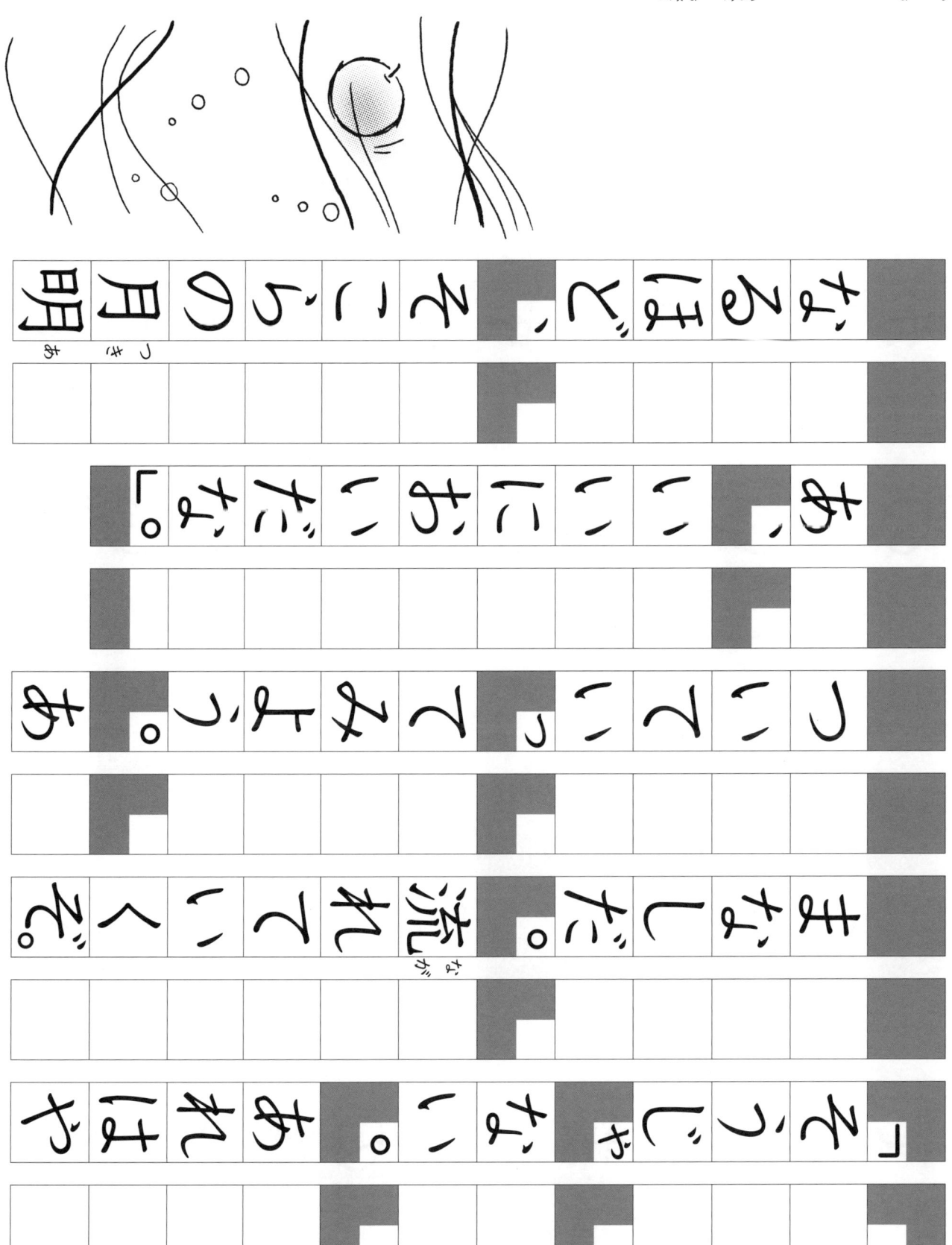

なるほど、そこいらの月明(つきあ)かり

いいにおいだな。」

ていってみよう。ああ、

まなしだ。流(なが)れていくぞ。つい

「そうじゃない。あれはや

（令和二年度版　光村図書　国語　六　創造　宮沢賢治）

🐰文章(ぶんしょう)を音読(おんどく)してから、書(か)きうつしましょう。

やまなし　⑤　　名前(なまえ)

まし
た。

てに後を追い

二ひきのかには、だまってあわがはかな流れ

した。

のにいておいてにこしは。

かにの水の中は、やまなし

（令和二年度版　光村図書　国語 六　創造　宮沢賢治）

58

★文章を音読してから、書き写しましょう。

⑥ やまなし　名前

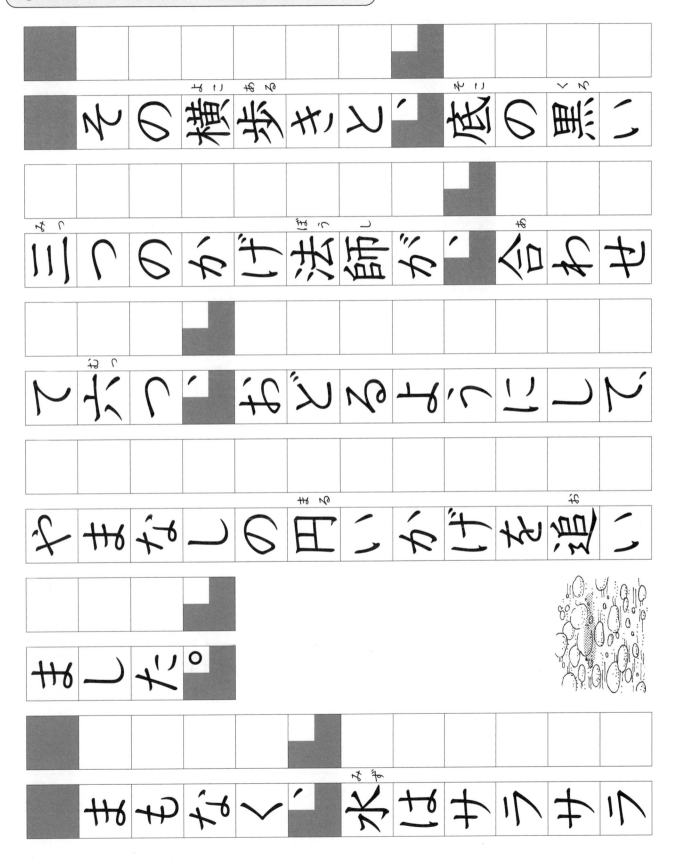

（令和二年度版 光村図書 国語 六 創造 宮沢賢治）

文章を音読してから、書き写しましょう。

その横歩きで、底の黒い

三つのかげ法師が、合わせ

て六つ、おどるようにして

やまなしの円いかげを追い

ましたが。

まもなく、水はサラサラ

★書き終わったら、もう一度、音読しましょう。

59

やまなし ⑧　名前

文章を音読してから、書き写しましょう。

鳴り、天井の波はいよいよ

青いほのおを上げ、やまな

しは横になって木の枝に引

っかかって止まり、その上

には、月光のにじがもかも

か集まりました。

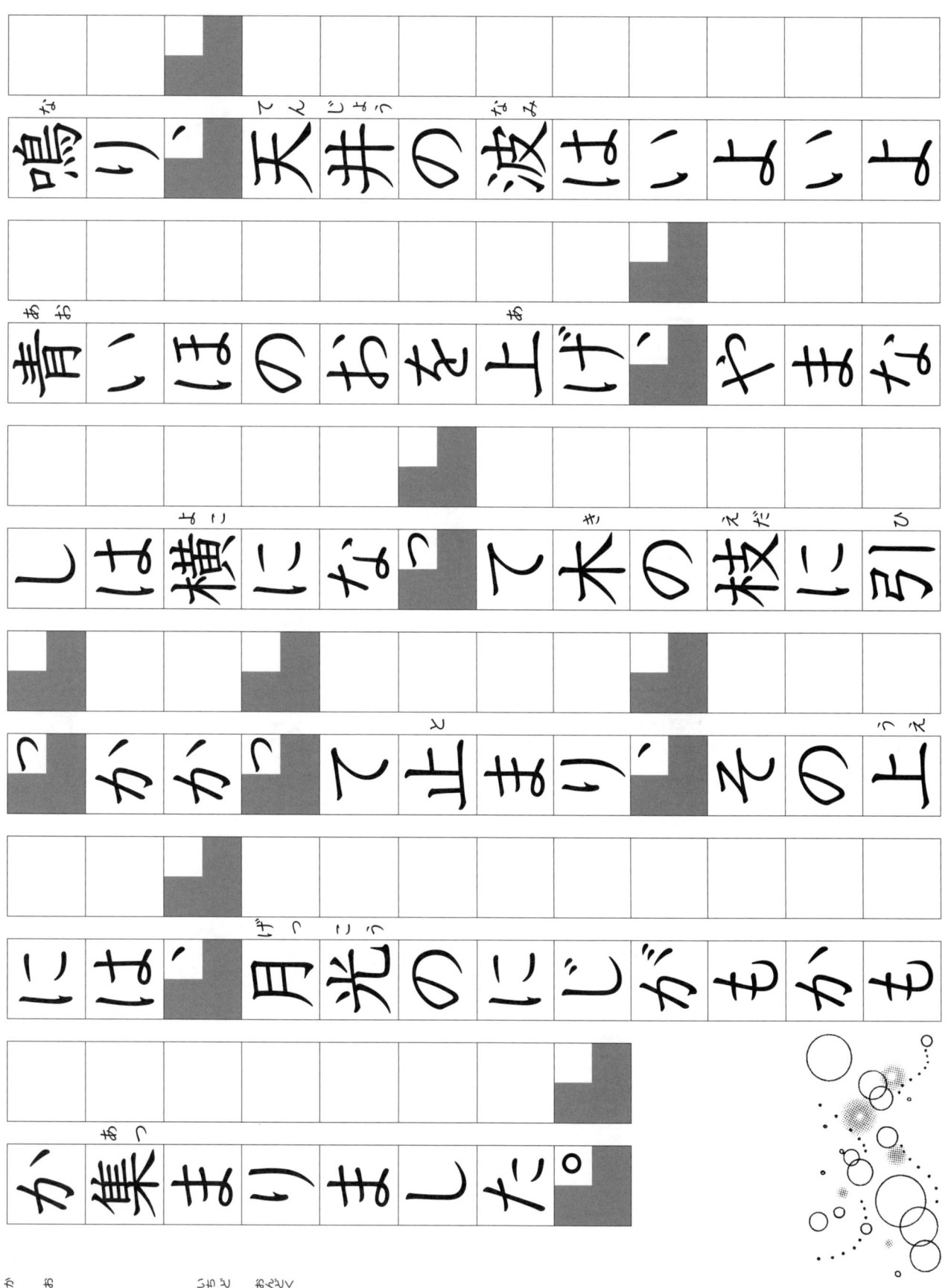

★書き終わったら、もう一度、音読しましょう。

（令和二年度版 光村図書 国語 六 創造 宮沢賢治）

ん。

おにいさんのかにが、「だいじょうぶだ。」お父さん

「ここにおいたいだろう。」

しだん、とへてつてこいこるこ。

「とうさ、ししはこさますな

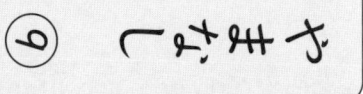

文章を音読してから、書きましょう。

⑨ やまなし　名前

（令和二年度版）
光村図書　国語　六　創造
宮沢賢治
「やまなし」

文章を音読してから、書き写しましょう。

「待て待て。もう二日ばかり待つと、こいつは下へしずんでくる。それからひとりでにおいしいお酒ができるから。さあ

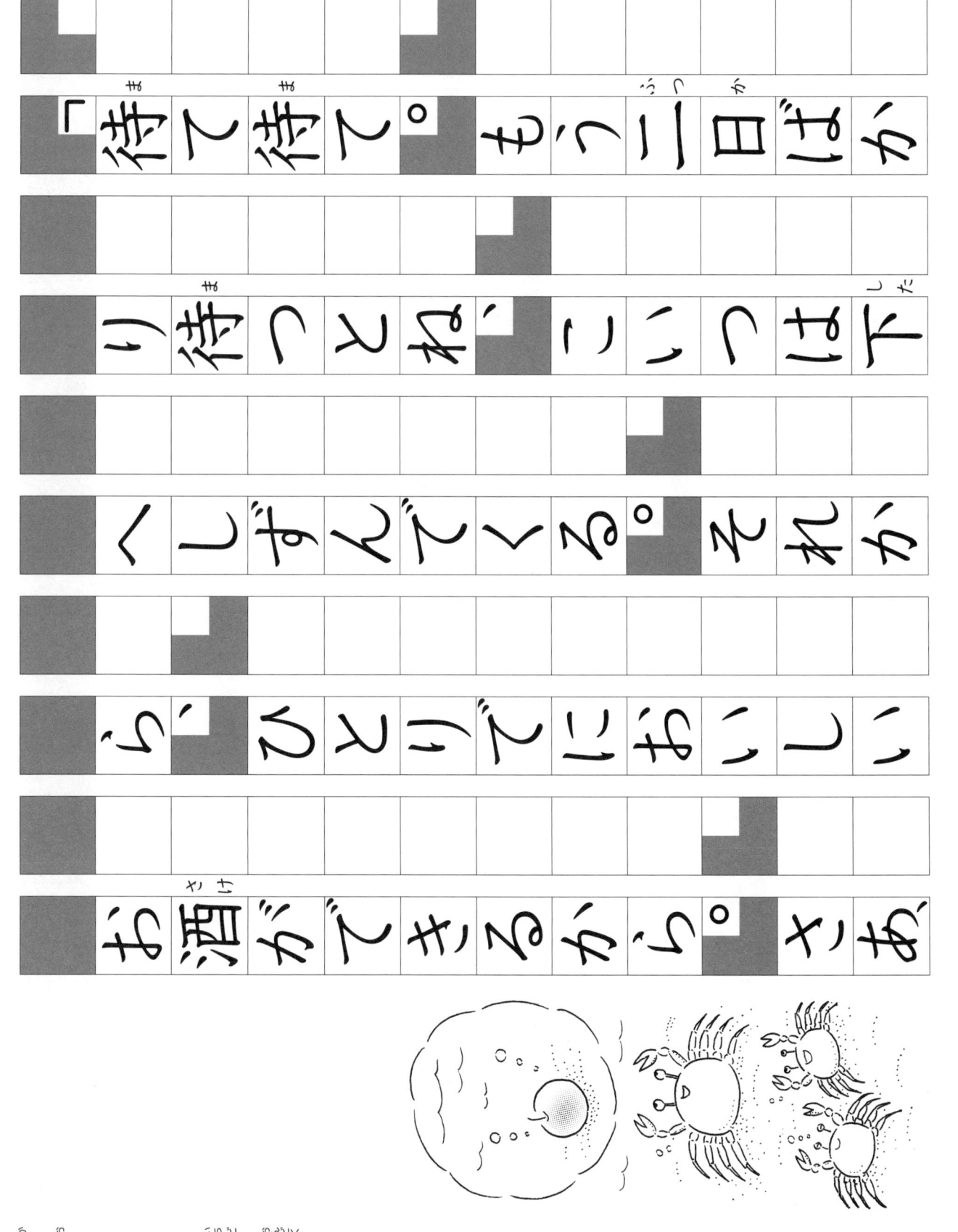

★書き終わったら、もう一度、音読しましょう。

（令和二年度版　光村図書　国語　六　創造　宮沢賢治）

文章を音読してから、書き写しましょう。

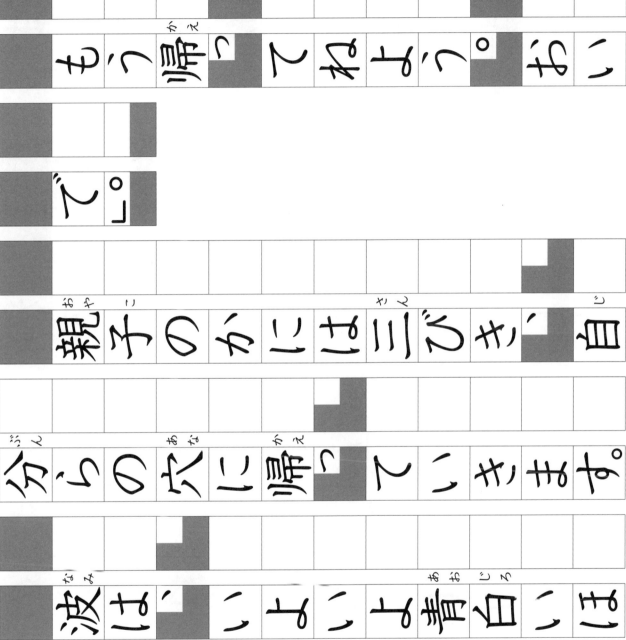

（書き写し）

もう帰ってねよう、おい

で。」

親子のかには三びき自

分らの穴に帰って行きます。

波は、いよいよ青白いほ

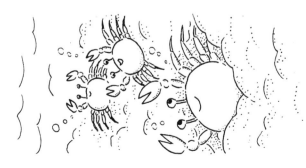

★書き終わったら、もう一度、音読しましょう。

（令和二年度版 光村図書 国語 六 創造 宮沢賢治）

文章を音読してから、書き写しましょう。

のおをゆらゆらあげました。

た。　それはまた、金剛石（こんごうせき）の

粉（こな）をはいているようでした。

私（わたし）の幻灯（げんとう）は、これでおし

まいであります。

64

★書き終わったら、もう一度、音読しましょう。

（令和二年度版 光村図書 国語 六 創造 宮沢賢治）

詩を音読してから、書き写しましょう。

いま始まる新しいいま　　　　　　　　　　川崎　洋

心臓から送り出された新鮮な血液は

十数秒で全身をめぐる

わたしはさっきのわたしではない

そしてあなたも

わたしたちはいつも新しい

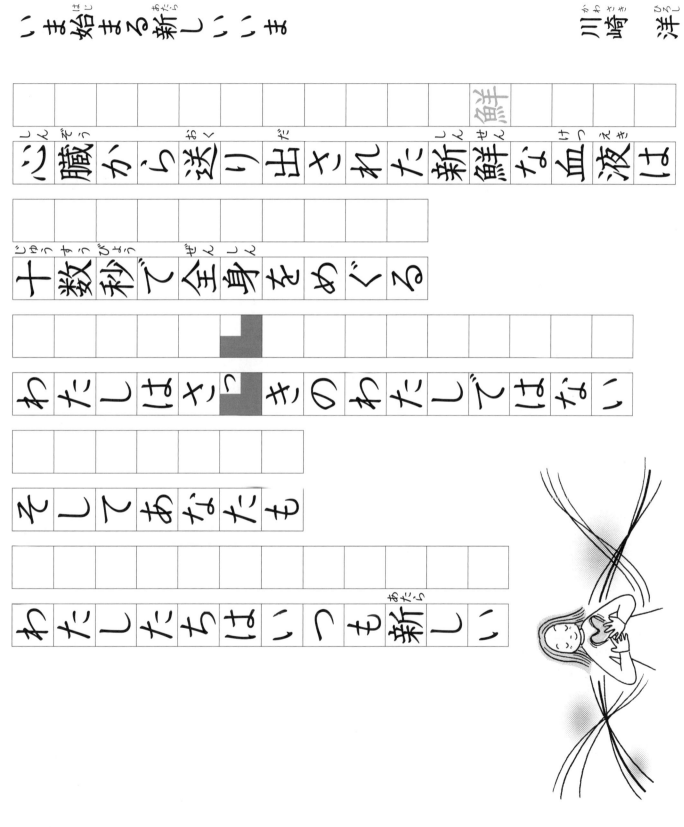

★書き終わったら、もう一度、音読しましょう。

(令和二年度版 東京書籍 新しい国語 六 川崎 洋)

詩を音読してから、書き写しましょう。

さなぎからかえったばかりの蝶が

生まれたばかりの陽炎の中で揺れる

あの花は

きのうはまだ蕾だった

海を渡ってきた新しい風がほら

踊りながら走ってくる

自然はいつも新しい

66

★書き終わったら、もう一度、音読しましょう。

(令和三年度版 東京書籍 新しい国語 六 川崎洋)

詩を音読してから、書き写しましょう。

ま	の	つ	知	ら	な	か	つ	た	こ	と	を

き	よ	つ	知	る	喜	び

ま	の	つ	は	気	が	し	か	な	か	つ	た	け	ど

き	よ	つ	見	え	て	く	る	も	の	が	あ	る

日	々	新	し	く	な	る	世	界

古	代	史	の	一	部	が	ま	た	塗	り	替	え	ら	れ	る

過	去	て	さ	え	新	し	く	な	る

★書き終わったら、もう一度、音読しましょう。

（令和二年度版 東京書籍 新しい国語 六 川崎 洋）

詩を音読してから、書き写しましょう。

きょっても新しいめぐり合いがあり

まっさらの愛が

次々に生まれ

いま初めて歌われる歌がある

いつも いつも

新しいいのちを生きよう

いま始まる新しいいま

★書き終わったら、もう一度、音読しましょう。

（令和二年度版　東京書籍　新しい国語　六　川崎　洋）

文章を音読してから、書き写しましょう。

広島市には、一発の原子

爆弾で破壊され、そのまま

の形で今日まで保存されて

きた「原爆ドーム」とよば

れる建物がある。この原爆

ドームが、平和を築き、戦

★書き終わったら、もう一度、音読しましょう。

（令和二年度版 光村図書 国語 六 創造 大牟田 稔）

文章を音読してから、書き写しましょう。

争をいましめるための建造
物として、ユネスコの世界
遺産への仲間入りを果たし
たとき、私は、建築されて
からいの日まで、この傷だ
らけの建物がたどってきた

70

文章を音読してから、書き写しましょう。

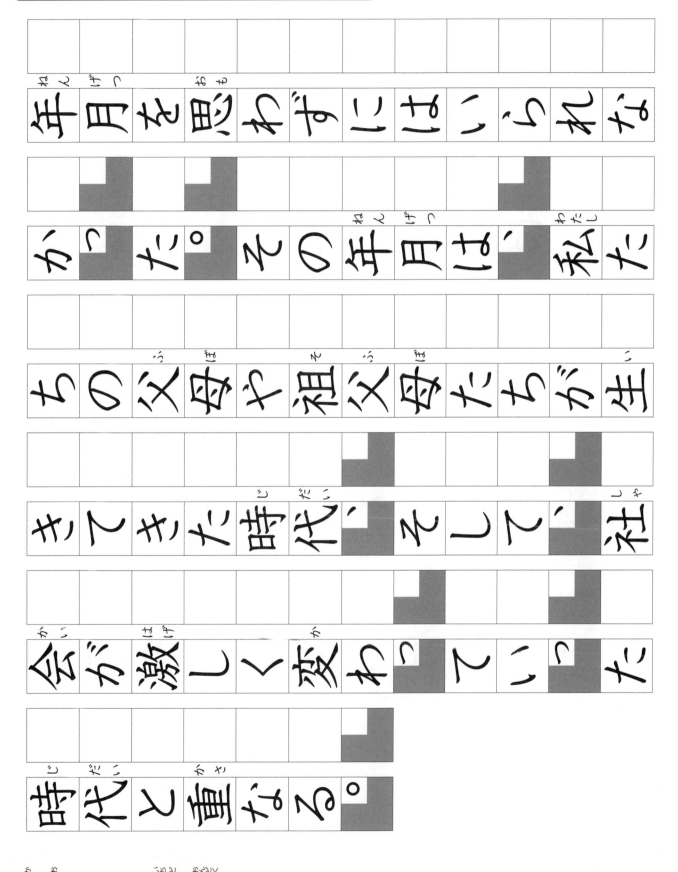

年月を思わずにはいられな
かった。その年月は、私た
ちの父母や祖父母たちが生
きてきた時代、そして、社
会が激しく変わっていった
時代と重なる。

★書き終わったら、もう一度、音読しましょう。

（令和二年度版 光村図書 国語 六 創造 大牟田 稔）

文章を音読してから、書き写しましょう。

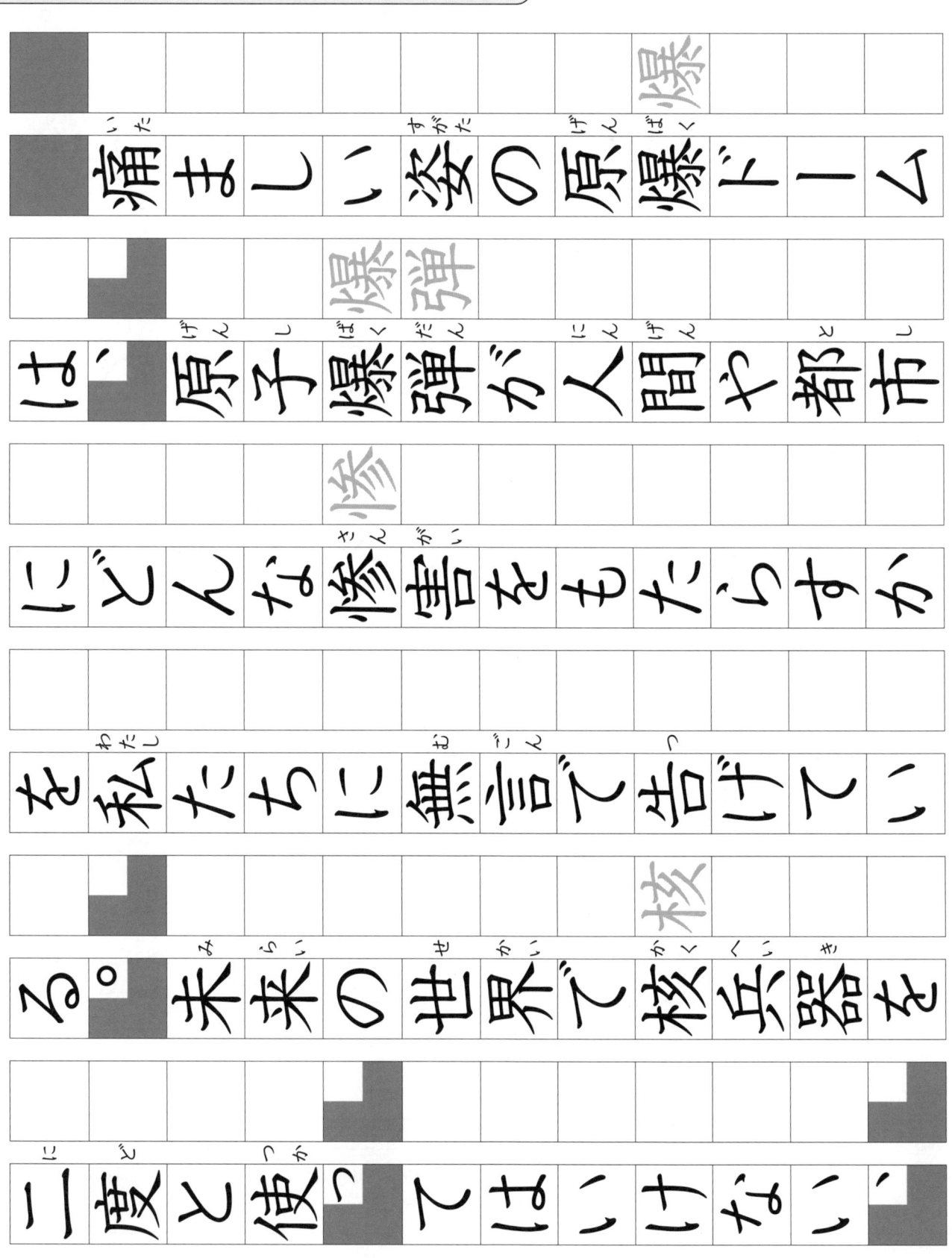

痛ましい姿の原爆ドーム

は、原子爆弾が人間や都市

にどんな惨害をもたらすか

を私たちに無言で告げて

る。未来の世界で核兵器を

二度と使ってはいけない

★書き終わったら、もう一度、音読しましょう。

（令和二年度版 光村図書 国語 六 創造 大牟田 稔）

文章を音読してから、書き写しましょう。

にや　核兵器はむしろ不必

要だと、世界の人々に警告

する記念碑なのである。

国連のユネスコ憲章には

「戦争は人の心の中で生ま

れるものであるから、人の

★書き終わったら、もう一度、音読しましょう。

（令和二年度版 光村図書 国語 六 創造 大牟田稔）

文章を音読してから、書き写しましょう。

心の中に平和のとりでを築

かなければならない。」と記

されている。原爆ドームは

それを見る人の心に平和の

とりでを築くための世界の

遺産なのだ。

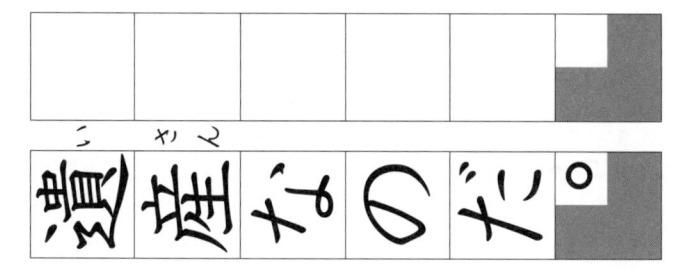

★書き終わったら、もう一度、音読しましょう。

（令和二年度版　光村図書　国語　六　創造　大牟田　稔）

● 次の──線の言葉は、意味は異なりますが、同じ漢字を使います。
それぞれ──線の読み方を（　）に書きましょう。

① ┌ 重いかばん　　　（　　　　　　）
　 └ 皿を重ねる　　　（　　　　　　）

② ┌ 服を着る　　　　（　　　　　　）
　 └ 学校に着く　　　（　　　　　　）

③ ┌ 現代社会　　　　（　　　　　　）
　 └ 星座が現れる　　（　　　　　　）

④ ┌ 優しい人　　　　（　　　　　　）
　 └ 優れた選手　　　（　　　　　　）

現 重

② 大きな
モンスター・
あらわれる

（現）
おお・あらわ

① げん
ざいの
時こくに
人が
いる
時で
す

（　　）
げん・在・時・刻・人・時

② ぼくは、
服を重ねて着る。

ぼく・服・かさねて・着る
ふく・き

① わたしは、
重い荷物を運ぶ。

わたし・おもい・荷物・運ぶ
に・もつ・はこ

〔例〕

〔例〕の次の──線の言葉は、
また、──線の言葉は意味は
共通した意味なので、同じ
漢字を（　）の漢字を
選んで、まちがっている漢字を
（　）に直して、同じ漢字を
選んで文を作りましょう。
また、（　）に漢字を使って
文を作りましょう。
①の──線の言葉は（　）に書き
ましょう。

複数の意味を
もつ漢字の文作り
② 一つの漢字を
（一）つかって

名前

● 次の──線の言葉は、意味は異なりますが、同じ漢字を使います。共通してあてはまる漢字を □ から選んで（ ）に書きましょう。また、──線の言葉を（ ）の漢字に直して、文を作りましょう。

(1)（　　　　）

① 妹・ドレス・きる

② 飛行機・空港・つく

(2)（　　　　）

① 姉・とても・やさしい

② 弟・すぐれた・成績・おさめる

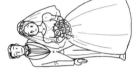

| 優 | 着 |

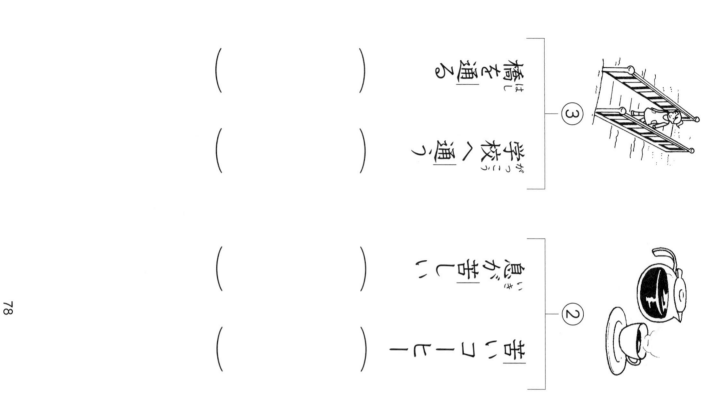

使った異なる読み方の言葉は、同じ漢字を使います。

それぞれの──線の言葉は、同じ漢字を使いますが、読み方がちがいます。──線の読み方を（　）に書きましょう。

それぞれ次の──線の読み方を（　）に書きましょう。

① 使った異なる読み方の漢字を作り
① 学を

名前

④ 生まれる
生きる
（　　　）
（　　　）

③ 橋を通る
学校へ通う
（　　　）
（　　　）

② 息が苦しい
苦いコーヒー
（　　　）
（　　　）

① 運動会を行う
遊園地へ行く
（　　　）
（　　　）

● 次の──線の言葉は、読み方は異なりますが、同じ漢字を使います。〔例〕のように、共通してあてはまる漢字を□から選んで（ ）に書きましょう。また、──線の言葉を（ ）の漢字に直して、文を作りましょう。

〔例〕（ 行 ）

① わたし・毎日・学校・いく

わたしは、毎日学校へ行く。

② ぼくら・テニス・試合・おこなう

ぼくらは、テニスの試合を行う。

（　　　）

① 良い薬・とても・にがい

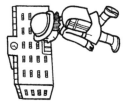

② くるしい・言い訳・する

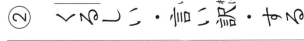
苦　　行

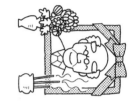

（右上・タイトル）

使(つか)った文(ぶん)作(づく)り

異(こと)なる読(よ)み方(かた)の

②-(2)の漢字(かんじ)を

②-(2)

名前

（説明）

まず、次(つぎ)の──線(せん)の言葉(ことば)は共通(きょうつう)する──線(せん)の言葉(ことば)は読(よ)み方(かた)が同(おな)じですが、（　）の中(なか)の漢字(かんじ)を（　）の漢字(かんじ)から選(えら)んで、（　）に直(なお)して、同(おな)じ漢字(かんじ)を使(つか)った文(ぶん)を作(つく)りますが、（　）に書(か)きます。文(ぶん)を作(つく)りましょう。同(おな)じ漢字(かんじ)を使(つか)います。

（1）

① わたし・習字教室(しゅうじきょうしつ)・かよう

（　）

② 自転車(じてんしゃ)・駅前(えきまえ)・とおる

（2）

① 祖父(そふ)・百才(ひゃくさい)・いきた

（　）

② アジ・赤(あか)ちゃん・うまれた

通

生

80

主語と述語を対応させた文作り（一）　名前

● 次の文は、主語と述語が正しく対応していません。〔例〕のように、──線の述語を直して、正しい文に書き直しましょう。

〔例〕　わたしの<u>夢は</u>、いろいろな国を<u>旅したこと</u>です。
（主語　夢は）　（述語　旅したこと）

> わたしの夢は、いろいろな国を
> 旅することです。

① ぼくの<u>目標は</u>、<u>早起きした</u>ことです。

② わたしの<u>長所は</u>、<u>明るい</u>ことです。

● 次の文は、主語と述語が正しく対応していません。〔例〕のように、──線の述語を直して、正しい文に書き直しましょう。

〔例〕 わたしは、友だちから「ずっと仲良くしていようね。」と<u>言いました</u>。

わたしは、友だちから「ずっと仲良くしていようね。」と言われました。

① ぼくは、母から「よくがんばったね。」と<u>ほめました</u>。

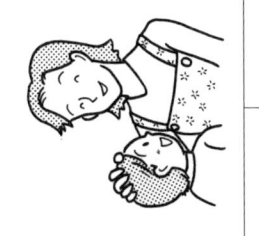

② 石田さんは、先生から「ろう下を走るな。」と<u>しかりました</u>。

82

● 次の──線の言葉は、読み方は同じですが、異なる漢字を使います。
それぞれ──線にあてはまる漢字を上の☐から選んで、（　）に書きましょう。

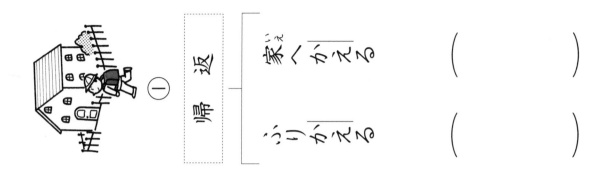

① 帰 返

家へ――かえる　　（　　　　　）

ふり――かえる　　（　　　　　）

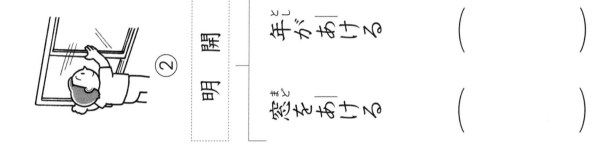

② 明 開

年が――あける　　（　　　　　）

窓を――あける　　（　　　　　）

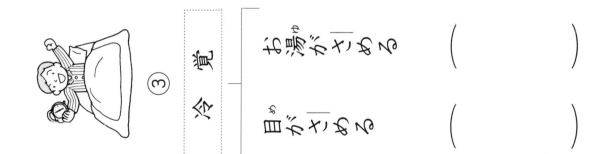

③ 冷 覚

お湯が――さめる　（　　　　　）

目が――さめる　　（　　　　　）

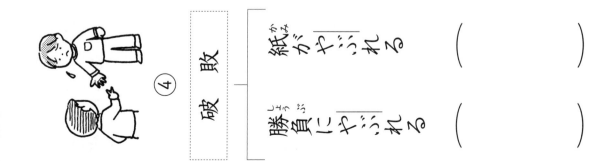

④ 破 敗

紙が――やぶれる　（　　　　　）

勝負に――やぶれる（　　　　　）

漢字を正しく使った文作り　②-（一）
名前

〔例〕次の──線の言葉は、それぞれ読み方は同じですが、意味がちがいます。また、──線の言葉は、それぞれ読み方は同じですが、その言葉にあてはまる漢字を（　）の中から選んで、□の中に書き直して、その漢字を下の（　）の中に選んだ漢字を使って、文を作りにします。ましょう。

帰　返

〔例〕
① 夏休みは、ふるさとへ帰る。
夏休み・ふるさと・かえる　（帰）

② 六年生で習ったことをふくしゅうする。
六年生・習った・こと・かえる　（返）

明　開

① ぼくは部屋のドアをあける。
ぼく・部屋のドア・あける　（　）

② 長い夜があける。
長い夜・あく・あける　（　）

● 次の——線の言葉は、読み方は同じですが、異なる漢字を使います。
それぞれあてはまる漢字を下の□から選んで（　）に書きましょう。
また——線の言葉を（　）の漢字に直して、文を作りましょう。

（　　　　　　　　）

(1) ① わたし・物音・目・さめる

冷　覚

（　　　　　　　　）

② 温かい・スープ・さめる

（　　　　　　　　）

(2) ① 大切・資料・やぶれる

破　敗

（　　　　　　　　）

② 決勝戦・試合・やぶれる

● 次の文にあてはまる尊敬語を □ から選んで、文を完成させましょう。

(1)① 先生が家に

② お客様がお名前を

③ おじ様がおみやげを

> おしする。　くださる。　いらっしゃる。

(2)① との様がおすしを

② お客様が絵を

> ご覧になる。　めし上がる。

86

● 次の文にあてはまる尊敬語を □ から選んで、文を完成させましょう。

（1）① お客様が家に

② 先生が朝礼で

③ 先ぱいが音楽を

87

お聞きになる。　お帰りになる。　お話しになる。

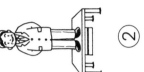

（2）① 先生が式辞を

② 社長がソファに

③ 先ぱいが本を

おかけになる。　ご利用になる。　お読みになる。

● 次の文にあてはまる尊敬語（①〜③）を□から選んで、文を完成させましょう。

使った文を作り「───」尊敬語（①・③）をしられるを

名前

（1）① 先生が教室に

② お客様がお茶を

③ 先生が本を

飲まれる。
入られる。
読まれる。

（2）① 社長が新幹線で

② シェフがケーキを

③ 先生がギターを

演奏される。
帰られる。
作られる。

● 次の文にあてはまる尊敬語を □ から選んで、文を完成させましょう。

（1）① ＿＿＿＿おめでとうございます。

② 先生からの＿＿＿＿です。

③ お客様の＿＿＿＿を準備する。

| お食事 | ご卒業 | お電話 |

89

（2）① 次は、校長先生の＿＿＿＿です。

② ＿＿＿＿のお時間です。

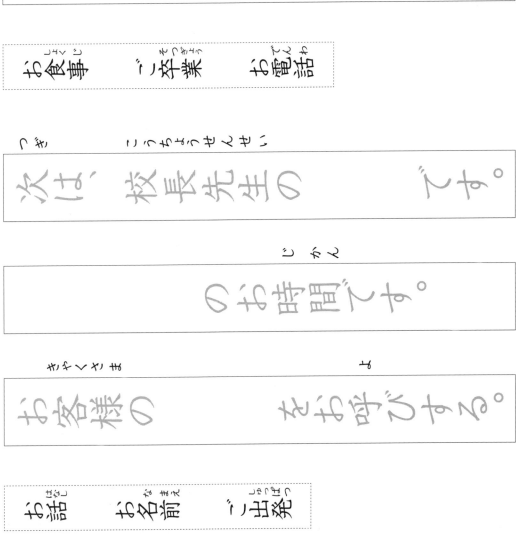

③ お客様の＿＿＿＿をお呼びする。

| お話 | お名前 | ご出発 |

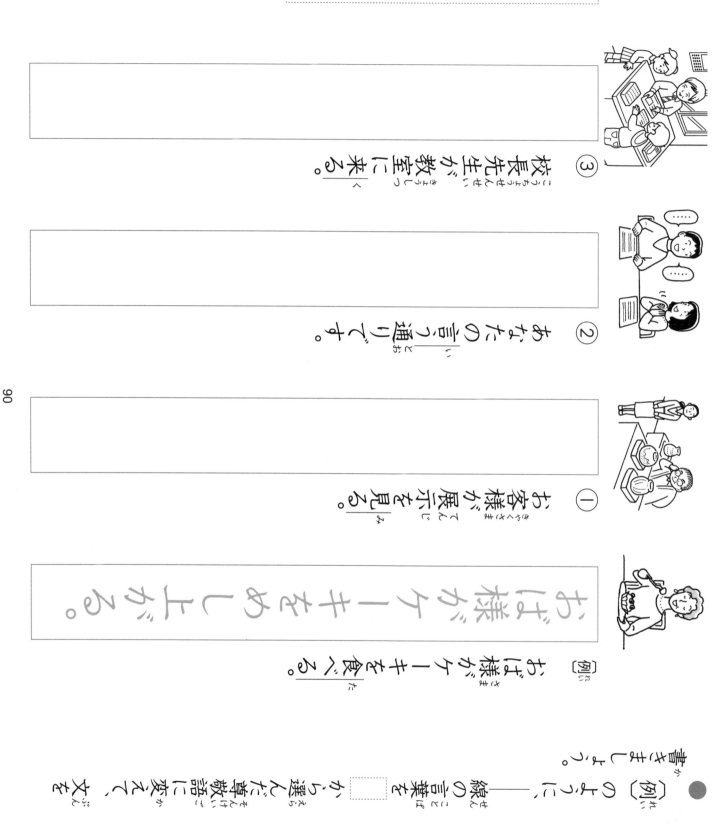

尊敬語

② 尊敬語を使った文作り

名前

〔例〕のように、──線の言葉を□から選んだ尊敬語に変えて、文を書きましょう。

いらっしゃる
おっしゃる
めし上がる
ご覧になる

〔例〕
お客様がケーキを食べる。

お客様がケーキをめし上がる。

① お客様が展示を見る。

② あなたの言う通りです。

③ 校長先生が教室に来る。

● 次の文にあてはまるけんじょう語を □ から選んで、文を完成させましょう。

(1)

① 市長から賞状を

② 先生の家に

③ お客様に果物を

> いただく。　　さし上げる。　　うかがう。

(2)

① 暑中お見まい

② 有名作家に

③ 先生の絵を

> 拝見する。　　申し上げます。　　お目にかかる。

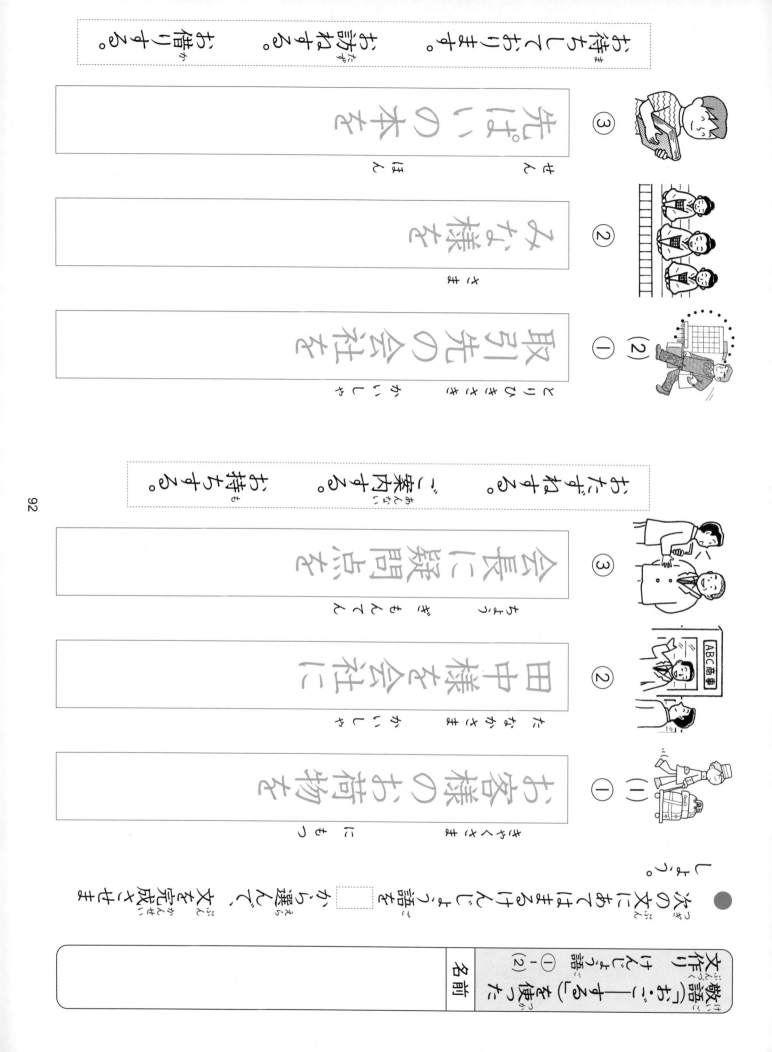

文作り　敬語「けんじょう語（一）」

(一)・(2)を使った

名前

次の文に合うように、あてはまる けんじょう語を □ から選んで、文を完成させましょう。

（一）

① お客様のお荷物を ＿＿＿＿＿

② 田中様を会社に ＿＿＿＿＿

③ 会長に疑問点を ＿＿＿＿＿

- おたずねする。
- ご案内する。
- お持ちする。

（二）

（1）① 取引先の会社を ＿＿＿＿＿

② みな様を ＿＿＿＿＿

③ 先日の本を ＿＿＿＿＿

- お待ちしております。
- お訪ねする。
- お借りする。

● 〔例〕のように、——線の言葉を □ から選んだけんじょう語に変えて、文を書きましょう。

〔例〕 三時ごろ、行く。

三時ごろ、うかがう。

① 友だちの家で、クッキーを食べる。

② 王様から、ほうびを受け取る。

③ 先生に、お礼を言う。

申し上げる　　　うかがう
ちょうだいする　　いただく

敬語（「です・ます・ございます」）	名前
を使った文作り　ていねい語	

● 〔例〕のように、──線の言葉を □ から選んだていねい語に変えて、文を書きましょう。

〔例〕　毎朝、六時に起きる。

毎朝、六時に起きます。

①　わたしは、今、映画を見ている。

②　音楽発表会があった。

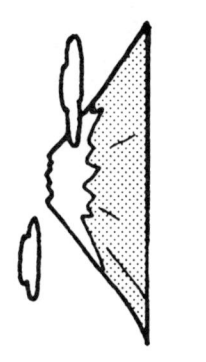

③　あちらは、富士山だ。

94

ありました	でございます
見ています	起きます

● 〔例〕のように〔　〕の場合に沿って──線の言葉を書きかえます。
次の文にあてはまる言葉を□から選んで、文を書きましょう。

〔例〕明日、公園へ行こうね。
〔年上の人に話しかけるとき〕

明日、公園へ行きましょうね。

① もう一度、言ってください。
〔先生と話すとき〕

② 母は、夕方には帰ると言っていました。
〔電話をかけてきた人に伝えるとき〕

申しておりました　　行きましょうね
おっしゃってください

使った言ばを
場めんに おうじて
② 文作り

名前

● 〔れい〕

次の〔れい〕のように、あとの〔　〕の場合に沿って、〔　〕から選んで、──線の言葉を書きかえて、文を書きかえます。

〔れい〕
学級会で、班は劇を発表することが決まった。
〔学級会で、はっぴょうする場合〕

班で、劇をすることが決まりました。

① 見学先のお店の方が
おみせの方に
ていねいに
説明をして
くれた。
〔お店の方に話す場合〕

（解答欄）

② 先生は昨日（きのう）見た
ドラマは、
とても
おもしろかった
と話しかけた。
〔先生に話した内容でしたか。〕

（解答欄）

ご覧になった
決まりました
した
へ
しただった

● 〔例〕のように、次の言葉を使って「──のようだ」の文を作りましょう。

〔例〕　母は・おいった顔・おに

母のおいった顔は、おにのようだ。

① 中田さん・歌声・天使

② 人間・細ぼう・小宇宙

③ 人生・長い・旅路

④ 橋本さん・わたしの先生

比喩（ひゆ）表現（ひょうげん）を使（つか）った文作（ぶんづく）り②

名前

● 例（れい）のように、次（つぎ）の言葉（ことば）を使（つか）って、「まるで──」「まるで──みたいだ」の文（ぶん）を作（つく）りましょう。

〔例（れい）〕
この画家（が）が・絵（え）・写真（しゃしん）

この画家の絵は、まるで写真みたいだ。

① 山田（やまだ）さん・笑顔（えがお）・太陽（たいよう）

② 白（しろ）い・ポメラニアン・アンゴラの毛（け）・わたあめ

③ ミュージカル・スター・ジーン・夢（ゆめ）

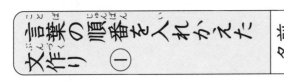

言葉の順番を入れかえた文作り ①　名前

● 〔例〕のように、言葉の順番を入れかえて、一文に書き直しましょう。

〔例〕 星が、きれいだな。

きれいだな。星が。

① ヒーローは、かっこいいな。

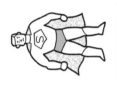

② あなたは、優しいね。

③ 夢がかなうなんて、信じられない。

④ 絶対に、もうしません。

文作り ② 言葉の順番を入れかえた　名前

〔例〕のように、言葉の順番を入れかえて、一、二、……に文が直るように文を書き直しましょう。

〔例〕
きょうも。
わすれてしまった。
宿題を。

きょうも宿題をわすれてしまった。

①
元気が出たよ。
きみのおかげで。

②
海へ行こう。
夏休みに。

③
感動しました。
この映画を見て。

④
きれいですね。
桜が。

100

● 〔例〕のように、□の言葉を使って次の二文をつなぎ、原因と結果を表す文を作りましょう。

〔例〕 | せいで

昨日の夜ふかしした。
今朝、ねぼうした。

| 昨日夜ふかししたせいで
| 今朝、ねぼうした。

① | から

クラスが一つになった。
賞がとれた。

② | によって

兄は、たゆまぬ努力をした。
高校に合格した。

名前

〔例〕のように、□の言葉を使って、次の二つの文をつなぎ、原因と結果を表す文を作りましょう。

〔例〕 おかげで

田畑は雨が降った。
雨が降った。

雨が降ったおかげで、田畑が
うるおった。

① 原因は

花はかれた。
わたしが水をやり過ぎたから。

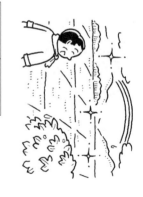

② ため

わたしは、性格がおとなしい。
チャンスをのがした。

熟語を使い分けて文を作ろう（一）　名前

● 次の文の（　）にあてはまる言葉を、□から選んで書きましょう。
また、完成した文を□に書きましょう。

(1) ① 自転車の速度を（　制限　）する。

自転車の速度を制限する。

② 期間（　　　　　　）の商品を発売する。

```
┌─────────────────────┐
│                     │
│                     │
│                     │
└─────────────────────┘
```

```
┌───────────────┐
│ 限定   制限    │
└───────────────┘
```

(2) ① この町の人口は、（　　　　　　）している。

```
┌─────────────────────┐
│                     │
│                     │
│                     │
└─────────────────────┘
```

② しなを（　　　　　　）で注文する。

```
┌─────────────────────┐
│                     │
│                     │
│                     │
└─────────────────────┘
```

```
┌───────────────┐
│ 追加   増加    │
└───────────────┘
```

熟語（じゅくご）を使（つか）い分（わ）けて文（ぶん）を作（つく）る②

名前

● 次（つぎ）の文（ぶん）の（　）に合（あ）う言葉（ことば）を□に書（か）きましょう。また、完成（かんせい）した文（ぶん）は□にあてはまる言葉（ことば）を□から選（えら）んで書（か）きましょう。

（1）
① 薬（くすり）の効果（　）があらわれる。

薬の効果があらわれる。

② 努力（どりょく）の（　）があらわれる。

| 成果（せいか） | 効果（こうか） |

（2）
① アンケートに（　）する。

② 算数（さんすう）のテストに（　）する。

| 解答（かいとう） | 回答（かいとう） |

104

場面の絵と漢字を使った文作り

名前

● イラストを参考に、□の言葉を使って自由に文を作りましょう。

① 修学旅行
仏像

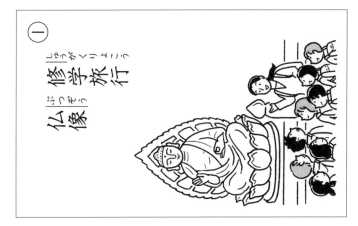

② 歴史
授業

平氏……
源氏……

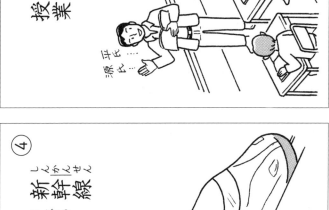

③ 所属
演劇部

④ 混雑
新幹線

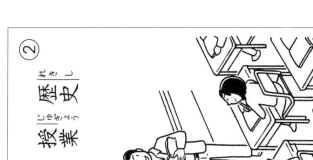

① 修学旅行で大きな仏像を見た。

②

③

④

わたしは、クラスのみんなと合唱を練習した。練習を重ねるうちに、わたしはみんなとひとつになった歌声が、歌声だけにひとつになって、のびのびとした声に思えた。歌うことでひとつになって歌った友だちの声が、よりいっそう近く感じた。

タイトル

ひとつになった声

何について

音楽祭

例

入学してから今までで、学校生活の中で、特に印象に残っていることは何ですか。音楽祭の例文を読んで、なりきって書きましょう。

思ったことや言葉を書こう　①　名前

● 入学してからこれまでの学校生活の中で、特に印象に残っていることは何ですか。マラソン大会の例文を読んで、なぞり書きをしましょう。

〔例〕

何について

マラソン大会

タイトル

風のおくりもの

わたしは、走るのが苦手だ。だから、

みんながゴールし終わっても一人で

走っていた。冷たい風が前からふいてきて、

もうやめたいなと思った。

そのとき、風に乗って友だちの応

えんする声が聞こえてきた。わたしは、

風の中に体ごと飛びこんだ。

③ 思い出を言葉にして書こう　名前

表現を工夫して書きましょう。106から107ページの〔例〕を参考に、入学してから今までにこれまでのことが何であるか、学校生活の中で、特に印象に残っているその出来事や、そのときの気持ちを、表現を工夫して書きましょう。

何について

タイトル

● 自分の表しょう状を □ に自由に書きましょう。

表しょう状

自分の名前

	さん

あなたは、六年間の国語学習において、たくさんのことを学習しました。

自分が国語学習においてがんばったこと

この努力は、これから先必ず役に立つ経験です。

中学校に行っても、ぜひこかしてください。

ここに、六年間の学びを表しょうします。

● 友だちの表しょう状を □ に自由に書きましょう。

表しょう状

友だちの名前

さん

あなたは、六年間の学校生活におい て、たくさん のことを学び、成長しました。

友だちが学校生活においてがんばったこと

この努力は、これから先必ず役に立つ経験です。 中学校に行っても、ぜひこかしてください。 ここに、六年間の学びを表しょうします。

75頁

複数の意味をもつ漢字を使った文を作り①(1)　名前

● 次の──線の言葉は意味は異なりますが、同じ漢字を使います。それぞれ──線の読み方を( )に書きましょう。

① 重いかばん　(おも)
　皿を重ねる　(かさ)

② 服を着る　(き)
　学校に着く　(つき)

③ 現代社会　(げん)
　星座が現れる　(あらわ)

④ 優しい人　(やさ)
　優れた選手　(すぐ)

76頁

複数の意味をもつ漢字を使った文を作り②(1)　名前

● 次の──線の言葉は意味は異なりますが、同じ漢字を使います。□から選んで( )に漢字を直して──線の言葉を( )の漢字に直して文を作りましょう。

〔例〕(重)

① わたし・おもい・荷物・運ぶ
わたしは　重い荷物を運ぶ。

② ぼく・服・かさねて・着る
ぼくは　服を重ねて着る。

(現)

① げんざい・時刻・八時・です
現在の時刻は　八時です。

② 大きな・モンスター・あらわれる
大きなモンスターが現れる。

| 現 | 重 |

77頁

複数の意味をもつ漢字を使った文を作り②-1(2)　名前

● 次の──線の言葉は意味は異なりますが、同じ漢字を使います。□から選んで( )の漢字に直して──線の言葉を( )の漢字に直して文を作りましょう。

(1) (着)

① 妹・ドレス・着る
妹がドレスを着る。

② 飛行機・空港・つく
飛行機が空港に着く。

(2) (優)

① 姉・とても・やさしい
姉は　とても優しい。

② 弟・すぐれた・成績・おさめる
弟が　優れた成績をおさめる。

| 優 | 着 |

78頁

異なる読み方をする漢字を①(1)　名前

● 次の──線の言葉は読み方が異なりますが、同じ漢字を使います。それぞれ──線の読み方を( )に書きましょう。

① 遊園地へ行く　(い)
　運動会を行う　(おこな)

② 苦いコーヒー　(にが)
　息が苦しい　(くる)

③ 学校へ通う　(かよ)
　橋を通る　(とお)

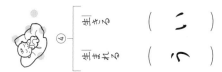
④ 生きる　(い)
　生まれる　(う)

81頁

② わたしの長所は、明るいことです。

① ぼくの目標は、早起きすることです。

例 わたしの夢は、いろいろな国を旅することです。

● 次のように、主語と述語が対応するように、正しく直して文を作りました。〔例〕

主語と述語を対応させて文を作り	名前

82頁

② 石田さんは「こんにちは。」と先生から言われた。

① ぼくは、母から「ほめられました。」とほめられた。

例 わたしは、友だちから「いっしょに帰ろう。」と言われたので、すぐに仲良くなりました。

● 次の――線の文は、述語が主語と対応していません。正しく直して文を作りました。〔例〕

主語と述語を対応させて文を作り	名前
②	

79頁

行 苦

② 苦しい言い訳をする。

① 良い薬はにがい。

② わたしは、テニスの試合に行く。

① ぼくは、毎日学校へ行く。

例 次の――線のように、共通する漢字を使って文を作りました。

異なる読み方をする漢字を使って文を作り(1)(2)	名前

80頁

生 通

② アサガオの赤ちゃんが生まれた。

① 祖父は百才まで生きた。

(2) 生

② わたしは、自転車で駅前を通る。

① わたしは、習字教室へ通う。

(1) 通

● 次の――線の言葉にあてはまる漢字を □ の中から選んで、同じ漢字を使って文を作りました。

異なる読み方をする漢字を使って文を作り(1)(2)一(二)	名前

83頁

漢字を正しく使った文作り（一）　名前

● 次の──線の言葉は、読み方は同じですが、それぞれにあてはまる漢字を□から選んで（　）に書きましょう。

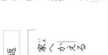

帰　返

① 帰｜返
- 家にかえる（帰）
- ふりかえる（返）

② 明｜開
- 年があける（明）
- 窓をあける（開）

③ 冷｜覚
- お湯がさめる（冷）
- 目がさめる（覚）

④ 敗｜破
- 紙がやぶれる（破）
- 勝負にやぶれる（敗）

84頁

漢字を正しく使った文作り ②-(1)　名前

● 次の──線の言葉は、読み方は同じですが、それぞれにあてはまる漢字を□から選んで（　）に書きましょう。また、──線の言葉を（　）の漢字に直して、文を作りましょう。

（例）① 夏休み・ふるさと・かえる
（帰）
夏休みは、ふるさとに帰る。　帰　返

② 六年生・習ったこと・ふりかえる
（返）
六年生で習ったことをふり返る。

① ぼく・部屋のドア・あける
（開）
ぼくは部屋のドアを開ける。　明　開

② 長い夜・ようやく・あける
（明）
長い夜がようやく明ける。

85頁

漢字を正しく使った文作り ②-(2)　名前

● 次の──線の言葉は、読み方は同じですが、それぞれにあてはまる漢字を□から選んで（　）に書きましょう。また、──線の言葉を（　）の漢字に直して、文を作りましょう。

(1)① わたし・物音・目・さめる
（覚）
わたしは、物音で目が覚める。　覚　冷

② 温か・スープ・さめる
（冷）
温かいスープが冷める。

(2)① 大切・資料・やぶれる
（破）
大切な資料が破れる。　破　敗

② 決勝戦・試合・やぶれる
（敗）
決勝戦で試合に敗れる。

86頁

敬語・特別な言い方を使った文作り ①-(1)　名前

● 次の文にあてはまる敬語を□から選んで、文を完成させましょう。

(1)① 先生が家にいらっしゃる。

② お客様がお名前をおっしゃる。

③ おば様がおみやげをくださる。

おっしゃる。　くださる。　いらっしゃる。

(2)① この様がおすしをめし上がる。

② お客様が絵をご覧になる。

ご覧になる。　めし上がる。

解答例　本書の解答は、あくまでもひとつの例です。児童に取り組ませる前に、必ず指導される方が問題を解いてください。指導される方の作られた解答をもとに、児童の多様な考えに寄り添って○つけをお願いします。

解答例

89頁

お客様のお名前をお呼びする。

ご出発のお時間です。

次は、校長先生のお話です。

お客様のお食事を準備する。

先生からのお電話です。

ご卒業、おめでとうございます。

● 次の文を「お」「ご」に気をつけて、言葉を選んで、文を完成させましょう。
敬語を使った文作り　名前
(一)「お」・「ご」
(4)

90頁

校長先生が教室にいらっしゃる。

あなたのおっしゃる通りです。

お客様が展示を見て驚かれる。

おば様がケーキをめし上がる。

例　──線の言葉を、上の選んだ言葉に変えて、文を書きましょう。
敬語を使った文作り　名前
(2)
90頁

87頁

先ぱいがゲームソフトをお使いになる。

社長が式じで祝辞をお読みになる。

先生が朝礼でお話しになる。

先生が辞書をお読みになる。

先ぱいが音楽をお聞きになる。

お客様が家にお帰りになる。

● 次の文を「お」「に」「なる」を使って、文を完成させましょう。
敬語を使った文作り　名前
(一)「お」「に」なる
(2)
87頁

88頁

先生がケーキを演奏される。

社長が新幹線で帰られる。

バイオリンをケーキを作られる。

お客様がお茶を飲まれる。

先生が教室に入られる。

先生が本を読まれる。

● 次の文を「れる」・「られる」を使って、文を完成させましょう。
敬語を使った文作り　名前
(三)「れる」・「られる」
88頁

91 頁

敬語「特別な言い方を使う」文作り① -(1) 名前

● 次の文にあてはまるだけことばを□から選んで、文を完成させましょう。

(1)① 市長から賞状をいただく。

② 先生の家にうかがう。

③ お客様に果物をさし上げる。

いただく。　さし上げる。　うかがう。

(2)① 暑中お見まい申し上げます。

② 有名作家にお目にかかる。

③ 先生の絵を拝見する。

拝見する。　申し上げます。　お目にかかる。

92 頁

敬語「お〜する」を使った文作り① -(2) 名前

● 次の文にあてはまるだけことばを□から選んで、文を完成させましょう。

(1)① お客様のお荷物をお持ちする。

② 田中様を会社にご案内する。

③ 会長に疑問点をおたずねする。

おたずねする。　ご案内する。　お持ちする。

(2)① 取引先の会社をお訪ねする。

② みな様をお待ちしております。

③ 先生の本をお借りする。

お待ちしております。　お訪ねする。　お借りする。

93 頁

敬語を使った文作り② 名前

● 例のように——線の言葉を□から選んでだけことばに変えて文を書きましょう。

例 三時ごろ行く。
三時ごろ、うかがう。

① 友だちの家でクッキーを食べる。
友だちの家でクッキーをいただく。

② 王様からほうびを受け取る。
王様からほうびをちょうだいする。

③ 先生にお礼を言う。
先生にお礼を申し上げる。

申し上げる　うかがう
ちょうだいする　いただく

94 頁

敬語「〜です・ます・ございます」を使った文作り③ 名前

● 例のように——線の言葉を□から選んでていねい語に変えて文を書きましょう。

例 毎朝 六時に起きる。
毎朝 六時に起きます。

① わたしは 今 映画を見ている。
わたしは 今 映画を見ています。

② 音楽発表会があった。
音楽発表会がありました。

③ あちらは 富士山だ。
あちらは 富士山でございます。

ありました　でございます
見ています　起きます

解答例

本書の解答は、あくまでもひとつの例です。児童に取り組ませる前に、必ず指導される方が問題を解いてください。指導される方の作られた解答をもとに、児童の多様な考えをもとに、指導される方の作られた解答に寄り添って○つけをお願いします。

95頁

場面に応じた言葉を使って文を作ろう① / 名前

次の例のように（　）の場合に沿って——線の言葉を書きかえます。次の文にあてはまる言葉を□から選んで文を書きましょう。

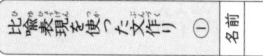

例（年上の人に話しかけるとき）
明日、公園へ行きましょうね。

① （先生ともう一度話すとき）
もう一度おっしゃってください。

② （母は、夕方に帰ると言っていました。電話をかけてきた人に伝えるとき）
母は、夕方には帰ると申しております。

申しております　　行きましょうね
おっしゃってください

96頁

場面に応じた言葉を使って文を作ろう② / 名前

次の例のように（　）の場合に沿って——線の言葉を書きかえます。次の文にあてはまる言葉を□から選んで文を書きましょう。

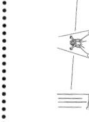

例（学級会で、班で劇をすることが決まったと発表するとき）
班で、劇をすることが決まりました。

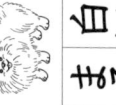
① （見学先のお店の方がていねいに説明をしてくれた。そのお店の方にお礼を言うとき）
お店の方がていねいに説明をしてください。

② （昨日見たドラマはどんな内容でしたか。先生にたずねるとき）
昨日ご覧になったドラマは、どんな内容でしたか。

ご覧になった　　決まりました
してください

97頁

比喩表現を使った文作り① / 名前

例のように、次の言葉を使って「——のようだ」の文を作りましょう。

例（母は・おこった顔・おに）
母のおこった顔は、おにのようだ。

①（中田さん・歌声・天使）
中田さんの歌声は、天使のようだ。

②（人間・細ぼう・小宇宙）
人間の細ぼうは、小宇宙のようだ。

③（人生・長い・旅路）
人生は、長い旅路のようだ。

④（橋本さん・わたし・先生）
橋本さんは、わたしの先生のようだ。

98頁

比喩表現を使った文作り② / 名前

例のように、次の言葉を使って「まるで——みたいだ」の文を作りましょう。

例（この画家・絵・写真）
この画家の絵は、まるで写真みたいだ。

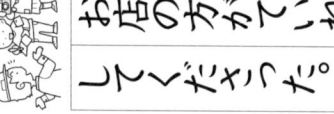
①（山田さん・笑顔・太陽）
山田さんの笑顔は、まるで太陽みたいだ。

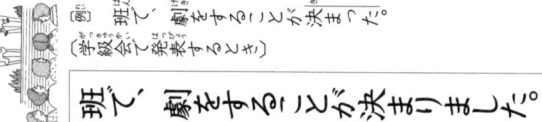
②（白い・ポメラニアンの毛・わたあめ）
白いポメラニアンの毛は、まるでわたあめみたいだ。

③（ミュージカル・ステージ・夢）
ミュージカルのステージは、まるで夢みたいだ。

99頁

言葉の順番を入れかえた文作り① 名前

● 例のように、言葉の順番を入れかえて、二文に書き直しましょう。

例　星が きれいだな。
きれいだな。星が。

① ヒーローは かっこいいな。
かっこいいな。ヒーローは。

② あなたは 優しいね。
優しいね。あなたは。

③ 夢がかなうなんて、信じられない。
信じられない。夢がかなうなんて。

④ 絶対に もうしません。
もうしません。絶対に。

100頁

言葉の順番を入れかえた文作り② 名前

● 例のように、言葉の順番を入れかえて、一文に書き直しましょう。

例　宿題を きちんとやっておくように。
宿題をきちんとやっておくように。

① 元気が出たよ。君のおかげで。
君のおかげで元気が出たよ。

② 海へ行こう 夏休みに。
夏休みに海へ行こう。

③ 感動しました。この映画を見て。
この映画を見て、感動しました。

④ きれいですね 桜が。
桜がきれいですね。

101頁

原因と結果を表す文作り① 名前

● 例のように、□の言葉を使って、次の二文をつなぎ、原因と結果を表す文を作りましょう。

例　せいで
昨日 夜ふかしをした。今朝 ねぼうした。
昨日夜ふかしをしたせいで、今朝ねぼうした。

① から
クラスが一つになった。優勝できた。
クラスが一つになったから、優勝できた。

② によって
兄は たゆまぬ努力をした。高校に合格した。
兄は、たゆまぬ努力をしたことによって、高校に合格した。

102頁

原因と結果を表す文作り② 名前

● 例のように、□の言葉を使って、次の二文をつなぎ、原因と結果を表す文を作りましょう。

例　おかげ
雨が降った。田畑がうるおう。
雨が降ったおかげで、田畑がうるおう。

① 原因は
花がかれた。水をやり過ぎた。
花がかれた原因は、わたしが水をやり過ぎたからだ。

② ため
わたしは 性格がおく病である。チャンスをのがした。
わたしは、性格がおく病であるため、チャンスをのがした。

本書の解答は、あくまでひとつの例です。児童に取り組ませる前に、必ず指導される方が問題を解いてください。指導される方の作られた解答をもとに、児童の多様な考えに寄り添って○つけをお願いします。

解答例

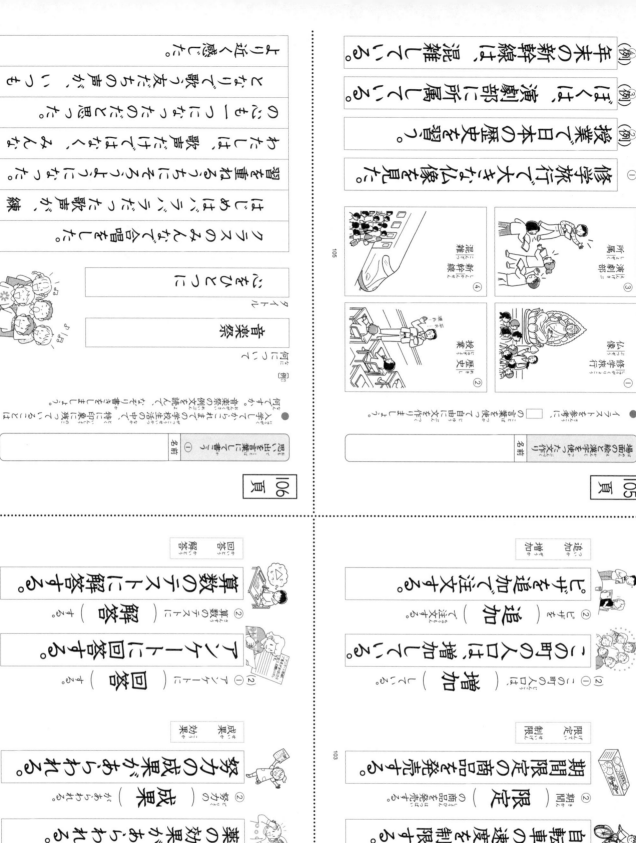

105頁

（例）年末の新幹線は混雑している。

（例）ぼくは、演劇部に所属している。

（例）修学旅行で大きな仏像を見た。

① 修学旅行
② 仏像・歴史
③ 所属・演劇部
④ 混雑・新幹線

106頁

（例）
ぼくは、クラスのみんなで合唱をした。
よく歌う歌だったけど、みんなで合唱をすると、ふだんとはちがう歌声が重なり合い、とてもきれいに感じた。
わたしは、近くの駅で友だちの歌声を聞いた。

音楽祭

103頁

（1）自転車の速度を制限する。
（2）期間限定の商品を発売する。

（1）この町の人口は増加している。
（2）ビルを追加で注文する。

104頁

（1）薬の効果があらわれる。
（2）努力の成果があらわれる。

（1）アンケートに回答する。
（2）算数のテストに解答する。

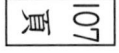

解答例

本書の解答は、あくまでもひとつの例です。児童に取り組ませる前に、必ず指導される方が問題を解いてください。指導される方の作られた解答をもとに、児童の多様な考えに寄り添って○つけをお願いします。

109頁

表しょう状という ①
名前

● 自分のしょう状を作ってみましょう。六年間で、自分がどんなことをがんばったのかを聞いたり思い出したりして、国語の学習を生かしてしょう状の言葉を考えましょう。

（略）

表しょう状

あなたは 六年間の国語の学習において 自分の力をのばし 先生の役に立つ りっぱな経験を しました

110頁

表しょう状という ②
名前

● 友だちのしょう状を表しましょう。しょう状は自分の力を表してくれて、自分の役に立つ経験は 立派な経験です。

中学校に行っても 六年間の努力は これからも力になることを表していきます。

（略）

表しょう状

あなたは 六年間の先生の成長と 中学校生活においても お役に立つことを 表しています 状

107頁

何について書いた文章か
名前

タイトル
風のおへそ　マラソン大会

● 何について書いた文章か 例です。マラソン大会について書いています。

風の中を
すごい声が聞こえて、
そのとき、冷たい
風が顔にあたって、
みんなの声が
飛んでいきたいと思った。
体の中にすうっと風が
入ってきて、そのまま
風に乗って
前から走るのが苦手だ。
走るのが終わった。
わたしは
走るのが苦手だ。でも
わたしのおうえん
してくれた人から。

108頁

タイトル
（略）

● 何について書いた文章か
名前

思い出して書きましょう。表したいことを106、107の文章のように、その中で特に心に残ったことや気持ちを印象に

喜楽研の支援教育シリーズ
もっと ゆっくり ていねいに学べる

作文ワーク 基礎編 6-②「読む・写す・書く」

個別指導に最適

光村図書・東京書籍・教育出版の
教科書教材より抜粋

2023年4月2日

イ ラ ス ト： 山口 亜耶 他
表紙イラスト： 鹿川 美佳
表紙デザイン： エガオデザイン
企画・編著： 原田 善造・あおい えむ・堀越 じゅん・今井 はじめ・さくら りこ
　　　　　　 中 あみ・中 えみ・中田 こういち・なむら じゅん
　　　　　　 ほしの ひかり・みやま りょう（他4名）

編 集 担 当： 田上 優衣

発　行　者： 岸本 なおこ
発　行　所： 喜楽研（わかる喜び学ぶ楽しさを創造する教育研究所：略称）
　　　　　　 〒604-0827 京都府京都市中京区高倉通二条下ル瓦町 543-1
　　　　　　 TEL 075-213-7701　　FAX 075-213-7706
　　　　　　 HP https://www.kirakuken.co.jp
印　　　刷： 株式会社米谷

ISBN：978-4-86277-444-6

Printed in Japan

喜楽研 WEB サイト
書籍の最新情報（正誤表含む）は
喜楽研 WEB サイトをご覧下さい。